DOLO EVENTUAL
Imputação e determinação da pena
— estudos sobre o caso da Boate Kiss —

Dados Internacionais de Catalogação na Publicação (CIP)

W965d   Wunderlich, Alexandre.
　　　　　Dolo eventual : imputação e determinação da pena : estudos sobe o caso da Boate Kiss / Alexandre Wunderlich, Marcelo Almeida Ruivo, Salo de Carvalho ; prefácio de Jader Marques. – Porto Alegre : Livraria do Advogado, 2022.
　　　　　126 p. ; 23 cm.
　　　　　ISBN 978-65-86017-59-5

　　　　　1. Dolo eventual (Direito penal). 2. Direito penal. 3. Boate Kiss - Santa Maria (RS). I. Ruivo, Marcelo Almeida. II. Carvalho, Salo de. III. Título.
　　　　　　　　　　　　　　　　　　　　CDU 343.2

Índice para catálogo sistemático:
1. Dolo eventual : Direito penal　　　343.2
2. Direito penal : Boate Kiss : Santa Maria (RS)　　343.2(816.5)

(Bibliotecária responsável: Sabrina Leal Araujo – CRB 8/10213)

Alexandre Wunderlich
Marcelo Almeida Ruivo
Salo de Carvalho

DOLO EVENTUAL
Imputação e determinação da pena
— estudos sobre o caso da Boate Kiss —

Prefácio de
JADER MARQUES

Porto Alegre, 2022

©
Alexandre Wunderlich
Marcelo Almeida Ruivo
Salo de Carvalho
2022

Capa, projeto gráfico e diagramação
Livraria do Advogado Editora

Revisão
Rosane Marques Borba

Direitos desta edição reservados por
Livraria do Advogado Editora
Rua Riachuelo, 1334 s/105
90010-273 Porto Alegre RS
Fone: (51) 3225-3311
livraria@doadvogado.com.br
www.livrariadoadvogado.com.br

Impresso no Brasil / Printed in Brazil

Apresentação
(por Miguel Reale Júnior)

Um desafio para a Justiça

O parecer da lavra dos professores Alexandre Wunderlich e Marcelo Ruivo está construído de forma precisa no sentido da não configuração do dolo eventual no trágico incêndio que vitimou mais de duas centenas de jovens. O resultado doloroso deve impor esforço para que a emoção não presida a aplicação do direito penal.

Nessa linha, os autores bem explicam que para a caracterização do dolo eventual é necessário que se conjuguem três requisitos: conhecimento da probabilidade de ocorrência do evento; assentimento em face do resultado, no caso, morte de centenas de pessoas, com a qual se conformam; indicação concreta de que, sabida a nefasta consequência, teriam, assim mesmo, agido, assumido o risco do gravíssimo resultado.

Demonstra-se, então, pelas circunstâncias concretas de ordem geral e de cunho pessoal, não haver elemento objetivo revelador de se ter assentido com tal desastroso resultado, pois tal "significaria dizer que anuiu em sua própria morte e da sua esposa grávida, que também estava no local".

Dessa maneira, a hipótese do dolo eventual como consentimento em face da morte de mais de duzentos jovens não passa de mera suposição, uma ilação livre, sem base em dados objetivos indicativos de um desígnio homicida.

Esse o desafio que se põe frente ao julgador, para que se produza uma decisão justa, liberta da emocionalidade que o resultado entristecedor causa.

Miguel Reale Júnior
Professor titular da USP

Apresentação

(por Juarez Tavares)

O parecer ofertado pelo Professor Salo de Carvalho põe em discussão um tema deveras relevante para a dogmática penal, que é aquele relativo aos elementos do dolo e, por consequência, à diferença entre dolo eventual e culpa consciente. A doutrina penal tem-se dividido entre os que postulam que o dolo se constitui, basicamente, de consciência e vontade de realizar o ato e o resultado, e os que entendem que, para tanto, basta que o agente tenha consciência de que, realizando o ato, possa também produzir o resultado. Como todas as ideias da dogmática penal provêm de uma base germânica, torna-se muito atraente seguir uma teoria que se afirme como a mais moderna e que prescinda de maiores exigências empíricas, como as teorias puramente cognitivas. Penso, porém, que o elemento vontade deve estar presente no dolo, tal como salientado no parecer, até porque sem vontade não será possível determinar o domínio do agente sobre o desenvolvimento do processo causal, que é fundamental para a responsabilidade em face da norma expressa do art. 13 do Código Penal. Claro que o dolo eventual, diversamente do dolo direto (tanto de primeiro como de segundo grau) apresenta um déficit quanto à relação entre a vontade do agente e o resultado efetivamente produzido, o que poderia sugerir a prevalência de uma teoria cognitiva sobre uma teoria volitiva. Ocorre, porém, que, sob o influxo de uma teoria crítica e de contenção do poder punitivo, esse déficit, ao invés de suscitar um compromisso com a punibilidade dolosa, deveria conduzir à eliminação do dolo eventual como modalidade de dolo, tratando-o como uma forma mais grave de culpa.

De qualquer modo, nosso Código Penal acolheu, como modalidades de dolo, tanto o dolo direto quanto o dolo eventual, daí ser pertinente buscar uma delimitação de seus contornos. Seguindo a linha traçada no parecer, para caracterizar-se o dolo eventual será indispensável que o agente tenha incorporado em sua vontade, ainda que de modo fragmentário, todos os efeitos de sua conduta arriscada. Não basta que tenha assumido esses efeitos apenas em sua consciência.

Não basta que o agente tenha tido como possível ou provável que, realizando a conduta, iria se produzir determinado efeito; será preciso que, ao fazê-lo, aceite esse efeito como elemento integrante de sua própria motivação para o ato, de modo a incluí-lo no desenvolvimento causal por ele dominado. Sem o domínio da causalidade não pode haver dolo.

Juarez Tavares
Professor titular da UERJ

Prefácio

Maurice Merleau-Ponty, no texto "O fantasma de uma linguagem pura" (*A Prosa do Mundo*, 2002), enfrenta o problema em torno do mito do algoritmo, visto como a forma adulta da expressão humana, como algo capaz de cumprir um certo ofício de ser "uma linguagem rigorosa e controlar a todo momento suas operações".

Haveria uma linguagem pura?

Para tratar dessa questão central, Merleau-Ponty mostra que, sem pensar na linguagem e na relação dos signos para a determinação dos entes, o humano move-se no mundo com a sensação de que tudo o que quer dizer, apenas excepcionalmente, não é dito, ou seja, o dito está sempre dito e tomado como percebido pelo outro que recebe os signos escolhidos para dar significação ao pensamento, como se o signo fosse esse ente passível de entrega concreta, tangível, como se as palavras carregassem as coisas, sendo a fala uma tradição/entrega do real.

O humano vive essa verdadeira veneração pelo ideal de uma linguagem pura que, em última análise, nos livraria dela mesma. Esse aparelho fabuloso, que nos permite exprimir um número indefinido de pensamentos ou de coisas com um número finito de signos, conteria o germe de todas as significações possíveis, já que todos os nossos pensamentos estão destinados a ser ditos por ela.

No senso comum e na ciência, há esse ideal de uma língua perfeita, bem feita, com um propósito determinado e sem rebarbas. Nesse caminho, o algoritmo seria essa forma adulta de linguagem, com a especial capacidade de dizer as coisas, sem os deslocamentos de sentido que produzem o erro e com a certeza de ser capaz de justificar inteiramente seus enunciados.

Falar com precisão e ser entendido, sem qualquer espaço para a dúvida ou erro.

Merleau-Ponty afirma não haver virtude na fala, nem mesmo algum poder oculto, pois é puro signo para uma pura significação. Quem fala, cifra seu pensamento, substituindo-o por um arranjo sonoro ou visível que não é mais que sons ou garranchos num pedaço de papel. Ora, o pensamento, que se sabe e se basta, notifica por uma mensagem (que não o contém e que apenas o designa) a um outro pensamento (que é capaz de ler a mensagem porque atribui a mesma significação aos mesmos signos).

A fala do outro encontra em mim a fala que do meu interior emerge para encontrar o que vem de fora, como um encontro de coisas mesmas, porém, únicas e, portanto, diferentes. Nada é novo. Tudo é original. A comunicação é apenas essa aparência de um encontro que, verdadeiramente, acontece. Como receber signos que nada dizem, senão que toda comunicação pressupõe sempre um já possuir no íntimo a capacidade de compreensão dos signos que chegam.

Só compreender por saber, antes, que é capaz de saber. As palavras que chegam, encontram uma capacidade de entendimento a respeito do sentido que carregam, de tal forma que se sabe, por ser capaz, antes, de saber.

Merleau-Ponty termina o texto, mostrando que a linguagem é aquilo que faz dois sujeitos pensantes encerrados em suas significações terem entre eles "mensagens que circulam, mas que nada contêm, e que apenas são a oportunidade de cada um dar atenção ao que já sabia". E quando, em algum momento, um deles falar, e o outro escutar, ali haverá um infinito de "pensamentos que se reproduzem um ao outro, mas sem que o saibam, e sem jamais se defrontarem".

Os autores do presente livro escreveram os pareceres jurídicos aqui reproduzidos sobre dois pontos fundamentais do processo da Boate Kiss: a discussão sobre o dolo eventual e a questão da aplicação da pena em tal contexto. Nos dois casos, vale o registro com toda a eloquência e gratidão, os trabalhos foram desenvolvidos de forma totalmente gratuita, diante das precárias condições financeiras do acusado.

O primeiro parecer, elaborado pelos Professores Doutores Alexandre Wunderlich e Marcelo Ruivo, foi apresentado nas contrarrazões ao Recurso Especial do Ministério Público dirigido ao Superior Tribunal de Justiça, no momento em que se discutia a desclassificação feita pelo Tribunal de Justiça gaúcho. O segundo trabalho foi elaborado pelo Professor Doutor Salo de Carvalho para ser entregue aos julgadores com as razões do Recurso de Apelação, servindo como análise completa da pena aplicada pelo Juiz de Direito ao caso.

Os autores dos pareceres que compõe esse livro sabem muito bem que não há uma linguagem pura, capaz de eliminar as sobras, as dobras, o avesso, o velado ainda não desvelado pelo humano sempre presente no ato da fala e da escuta, da escrita e da leitura. Exatamente por isso, eles encararam a corajosa e árdua tarefa de desconstrução crítica do discurso apresentado como asséptico, rígido, perfeito, acabado, suficiente. É possível identificar a biografia dos pareceristas em cada palavra escolhida para demonstrar os absurdos da condenação por dolo eventual e da pena aplicada. Cada parágrafo conta um trecho da vida dos autores, nesses anos todos de dedicação ao estudo do direito.

Não há como fazer a imputação séria de uma conduta criminosa a partir do "desejo" de punição a qualquer custo. A pena criminal, no mesmo caminho, não pode ser fixada em patamar que atenda à vontade de vingança daqueles que perderam familiares na tragédia.

Como nos fala Walter Benjamin, cada publicação é uma vitória arrancada das mãos dos poderes da escuridão. Este livro pode (e deve) ser assim considerado. Ele é uma vitória da insistência, da resistência, da crença no pensamento crítico como condição de possibilidade de uma vida entendida como estranhamento, como desconforto, como impaciência diante do status quo que nos aterroriza, como quem aceita a angústia de buscar um sentido que emerge, sempre e inexoravelmente, do atritar da vida com o real, para lembrar Ricardo Timm de Souza, professor de todos nós.

Muito obrigado, Alexandre, Marcelo, Salo.

Este livro é uma homenagem a quem ainda é capaz de ouvir os gritos de dor das pessoas envolvidas nos processos penais, como nos ensina Amilton Bueno de Carvalho. Qualquer movimento que desrespeita ou desconsidera esse sofrimento deve ser percebido como uma agressão desmedida, desumana, cruel.

Mais não digo.

Jader Marques
Doutor em Direito (Unisinos)

Sumário

Parecer – CASO "BOATE KISS" – SANTA MARIA/RS
Culpa consciente e dolo eventual e a impossibilidade do reexame probatório em recursos aos Tribunais Superiores
Alexandre Wunderlich e Marcelo Almeida Ruivo 15

Objeto 15

1. Consulta 16
2. Fato e imputação jurídica 16
3. Síntese processual 18
4. Dimensões objetiva e subjetiva do tipo legal de crime – os elementos do tipo penal 19
5. Elementos subjetivos gerais (dolo e culpa) e especiais (motivo e finalidade) do tipo penal 22
6. Diferenciação entre dolo eventual e culpa consciente 24
7. Necessidade de comprovação empírica da previsibilidade do resultado para a culpa consciente e da aceitação do resultado previsível para o dolo eventual ..25
8. Correção científica da rejeição da hipótese de dolo eventual pelo Tribunal de Justiça do Rio Grande do Sul 27
9. Recursos aos Tribunais Superiores 30
   9.1. Objeto recursal eminentemente jurídico (questões de direito – *in iure*) 30
   9.2. Inadequação e descabimento do reexame probatório (Súm. 7, do STJ e 279, do STF). Impossibilidade do recurso do Ministério Público. Desinteresse e ilegitimidade recursal do assistente da acusação na mudança da capitulação legal 32
   9.3. Manifestação do Ministério Público em Parecer ofertado no STJ – Recurso Especial n. 1.790.039/RS 36
10. Síntese da consulta 37

Parecer – DOLO EVENTUAL E MEDIDA DA CULPABILIDADE
Conteúdo judicialmente valorado e limites da aplicação da pena no caso da Boate Kiss
Salo de Carvalho 41

I. Consulta 41
II. Parecer 43

1. Introdução...43
2. Dolo Eventual e Aplicação da Pena: parâmetros legais e dogmáticos...............46
   (a) É possível valorar dolo na pena-base?..46
   (b) O que se deve valorar a título de culpabilidade normativa?.......................57
   (c) No caso concreto, o que poderia e deveria ter sido valorado na culpabilidade? É possível ignorar o conjunto probatório?..........................65
   (d) Se possível valorar dolo na culpabilidade, quais os elementos a serem valorados? Sobre a exclusão do elemento volitivo ("dolo sem vontade") para justificar maior reprovabilidade ao dolo eventual...............................81
   (e) É razoável e lógico, em um sistema diferenciador, impor ao dolo eventual carga punitiva superior àquela atribuível ao dolo direto?.........................95
3. Valoração dos motivos e das circunstâncias (em sentido estrito): é possível ignorar as decisões do TJRS e do STJ?......................................101
4. Comportamento das vítimas: *bis in idem* e fundamentação deficiente............107
5. Cálculo da pena-base: inobservância do critério do "termo médio" e desproporcionalidade na graduação das circunstâncias................................113
6. Pena provisória: confissão (atenuante nominada); dolo eventual e "falha estatal em proteger os custodiados e assegurar a segurança do local" (precedente) (atenuantes inominadas)...117
   (a) Confissão..117
   (b) Dolo eventual e corresponsabilidade do Estado: atenuantes inominadas (art. 66 do Código Penal)..121
7. Respostas aos quesitos..123

Parecer

CASO "BOATE KISS" – SANTA MARIA/RS

Culpa consciente e dolo eventual e a impossibilidade do reexame probatório em recursos aos tribunais superiores

Consulente
Jader Marques

Pareceristas
Alexandre Wunderlich
Marcelo Almeida Ruivo

Sumário: Objeto; **1.** Consulta; **2.** Fato e imputação jurídica; **3.** Síntese processual; **4.** Dimensões objetiva e subjetiva do tipo legal de crime – os elementos do tipo penal; **5.** Elementos subjetivos gerais (dolo e culpa) e especiais (motivo e finalidade) do tipo penal; **6.** Diferenciação entre dolo eventual e culpa consciente; **7.** Necessidade de comprovação empírica da previsibilidade do resultado para a culpa consciente e da aceitação do resultado previsível para o dolo eventual; **8.** Correção científica da rejeição da hipótese de dolo eventual pelo Tribunal de Justiça do Rio Grande do Sul; **9.** Recursos aos Tribunais Superiores; **9.1.** Objeto recursal eminentemente jurídico (questões de direito – *in iure*); **9.2.** Inadequação e descabimento do reexame probatório (Súm. 7, do STJ e 279, do STF). impossibilidade do recurso do Ministério Público. Desinteresse e ilegitimidade recursal do assistente da acusação na mudança da capitulação legal; **9.3.** Manifestação do Ministério Público em Parecer ofertado no STJ – Recurso Especial n. 1.790.039/RS; **10.** Síntese da consulta.

Objeto

Valoração probatória pelo TJRS. Elementos subjetivos do tipo legal de crime – componentes ontológico e valorativo dos elementos subjetivos do tipo penal. Diferenciação entre culpa consciente e dolo eventual. Necessidade de demonstração empírica do conhecimento fático para a prova do dolo direto e do dolo eventual. Impossibilidade de presunção negativa de conhecimento empírico. Inadequação e descabimento de reexame do conjunto fático-probatório por via dos Recursos aos Tribunais Superiores (STJ/STF). Aplicabilidade dos ementários sumulares números 7 (STJ) e 279 (STF). Desinteresse e ilegitimidade recursal do assistente da acusação na reclassificação do crime.

1. Consulta

O eminente advogado **Doutor JADER MARQUES**, atuando na defesa do **Sr. ELISSANDRO CALLEGARO SPOHR**, no âmbito do processo-crime n. 027/2130000696-7, originário da comarca de Santa Maria/RS (Caso Boate Kiss), apresenta os autos do processo e questões científicas sobre categorias de direito penal e de processo penal. Trata-se de duas perguntas fundamentais:

> 1º quesito. É cientificamente correta a desclassificação da imputação jurídica da figura do dolo eventual para a da culpa consciente feita pelo Tribunal de Justiça do Estado do Rio Grande do Sul (TJRS), no acórdão fruto dos Embargos Infringentes n. 70075120428,[1] diante das condutas imputadas na denúncia e do conjunto probatório reunido na instrução processual?
>
> 2º quesito. Os Recursos aos Tribunais Superiores possuem cabimento e adequação (elementos do juízo de admissibilidade) para a revisão do conjunto probatório necessário para a redefinição do elemento subjetivo geral do tipo?

Os dois questionamentos formulados pelo eminente advogado exigem a revisão e a diferenciação das categorias estruturantes do tipo subjetivo na Teoria Geral do Crime e da especificidade dos recursos aos Tribunais Superiores na Teoria Geral dos Meios de Impugnação. Esses são os dois questionamentos científicos que passamos a analisar.

2. Fato e imputação jurídica

ELISSANDRO CALLEGARO SPOHR foi acusado, conjuntamente com MAURO LONDERO HOFFMANN, MARCELO DE JESUS DOS SANTOS e LUCIANO AUGUSTO BONILHA, da prática dos crimes de homicídio doloso qualificado por motivo torpe e pela crueldade (art. 121, § 2º, I e III, do CP) em 241 vezes e homicídio doloso qualificado tentado por motivo torpe e crueldade (art. 121, § 2º, I, c/c

---

[1] TJRS, Embargos Infringentes e de Nulidade n. 70075120428, 1º GC, Rel. Des. Victor Luiz Barcellos Lima, j. em 01/12/2017, DJe 22/01/2018.

art. 14, II, do CP) em 636 vezes. A denúncia narra que os fatos teriam ocorrido em 27 de janeiro de 2013, aproximadamente às 3h15min, nas dependências da Boate Kiss, na cidade de Santa Maria/RS.

Conforme descreve o Ministério Público, MAURO LONDERO HOFFMANN e ELISSANDRO CALLEGARO SPOHR teriam supostamente concorrido para o crime:

> "(...) implantando em paredes e no teto da boate espuma altamente inflamável e sem indicação técnica de uso, contratando o show descrito, que sabiam incluir exibições com fogos de artifício, mantendo a casa noturna superlotada, sem condições de evacuação e segurança contra fatos dessa natureza, bem como equipe de funcionários sem treinamento obrigatório, além de prévia e genericamente ordenarem aos seguranças que impedissem a saída de pessoas do recinto sem pagamento das despesas de consumo na boate, revelando total indiferença e desprezo pela vida e pela segurança dos frequentadores do local, **assumindo assim o risco de matar**." (p. 5, da denúncia).

Em síntese, a acusação acredita em "homicídio qualificado" por "motivo torpe" na "revelação de total indiferença e desprezo pela vida e pela segurança dos frequentadores do local" por parte dos acusados, com base em elementos articulados no sentido de que teriam "assumindo assim o risco de matar".

Fundamentalmente, eis os elementos articulados pela acusação pública:

(1º) Implantação de espuma altamente inflamável e sem indicação técnica de uso em paredes e no teto da boate.

(2º) Contratação de show que sabidamente incluía exibições com fogos de artifício.

(3º) Manutenção da casa noturna superlotada e sem condições de evacuação e segurança contra fatos dessa natureza.

(4º) Equipe de funcionários sem treinamento obrigatório.

(5º) Ordem prévia e genérica para que os seguranças impedissem a saída de pessoas do recinto sem pagamento das despesas de consumo.

O presente parecer pretende examinar tecnicamente o caso e fixar as premissas elementares no sentido de verificar se os elementos trazidos pela acusação pública são suficientes, isoladamente ou em conjunto, para legitimar o entendimento categórico de "revelação de total indiferença e desprezo pela vida e pela segurança dos frequentadores do local", configurando-se, assim, a figura do dolo eventual imputada na denúncia. Sem esse entendimento do Ministério Público, não é possível falar em imputação dolosa eventual, uma vez que a hipótese jurídica está fundada exclusivamente nessa suposição. Isto é, sem a demonstração efetiva das condições objetivas que conduzem ao elemento subjetivo de "revelação de total indiferença e desprezo pela vida e pela segurança", não há hipótese legítima para fixação de dolo eventual.

Os elementos articulados pela denúncia serão estudados isoladamente a fim de determinar a qualidade de indícios de dolo eventual. A avaliação deve atentar se há condições lógicas e materiais adequadas à conclusão peremptória de "total indiferença e desprezo pela vida" ou se está diante de mera suposição, ilegítima, presuntiva, sem respaldo na realidade do fato e nas diretrizes legais, sobretudo identificado se é possível constatar a "assunção de risco" e a obrigatória "anuência" do resultado típico essenciais para o dolo eventual.

3. Síntese processual

A instrução processual na primeira fase do rito procedimental do Tribunal do Júri resultou na **pronúncia** dos acusados por homicídio doloso qualificado e homicídio doloso tentado nos termos da denúncia, em 27 de julho de 2016. As Defesas de ELISSANDRO SPOHR, MAURO HOFFMANN, LUCIANO BONILHA e MARCELO DE JESUS DOS SANTOS interpuseram **Recursos em Sentido Estrito** contra a decisão de pronúncia.

A colenda Primeira Câmara Criminal do e. **TJRS** rejeitou as preliminares por unanimidade e deu parcial provimento aos meios de impugnação, por maioria, para **afastar as qualificadoras da pronúncia**. O e. Relator, **Des. MANUEL JOSÉ MARTINEZ LUCAS,** concedeu parcial provimento aos Recursos para **desclassificar** os fatos denunciados para crimes diversos dos elencados no art. 74, § 1º, do CPP, restando vencido no julgamento em 22 de março de 2017.

Os acusados opuseram **Embargos Infringentes**, com base no voto vencido do Relator Des. MANUEL JOSÉ MARTINEZ LUCAS. No dia 1º de dezembro de 2017, foram acolhidos os embargos diante do empate dos votos dos Desembargadores integrantes do **Primeiro Grupo Criminal do TJRS,**[2] conforme os artigos 615, § 1º, *in fine*, do

---

[2] Os Des. Victor Luiz Barcellos Lima (Relator), Des. Manuel José Martinez Lucas, Des. Honório Gonçalves da Silva Neto e Des. Luiz Mello Guimarães acolheram o recurso, ao passo que os Des. Jayme Weingartner Neto, Des. Sylvio Baptista Neto (Presidente), Desa. Rosaura Marques Borba (Revisora), e Des. José Antônio Cidade Pitrez rejeitaram os Embargos Infringentes.

CPP[3] e 21, § 2º, I, do RITJERGS vigente até 18 de junho de 2018.[4] A decisão **desclassificou** os fatos imputados para delitos comuns – não da competência do Tribunal do Júri – nos termos exatos do voto vencido do **Des. MANUEL JOSÉ MARTINEZ LUCAS** no julgamento dos Recursos em Sentido Estrito.

O Ministério Público do Estado do Rio Grande do Sul e a Associação dos Familiares de Vítimas da Tragédia de Santa Maria (AVTSM), Assistente da Acusação, interpuseram **Recursos Especiais** e **Extraordinários**, bem como assim o fizeram os acusados MAURO HOFFMANN e ELISSANDRO SPOHR.

Em 13 de julho de 2018, o i. **Vice-Presidente TÚLIO DE OLIVEIRA MARTINS (a) não conheceu** os Recursos Especial e Extraordinário de MAURO HOFFMANN e **(b) não admitiu** os Recursos Especial e Extraordinário de ELISSANDRO SPOHR e, ainda, **(c) admitiu** os Recursos Especiais e Extraordinários do Ministério Público e da Associação dos Familiares de Vítimas da Tragédia de Santa Maria (AVTSM). As Defesas interpuseram agravos nos Recursos aos Tribunais Superiores contra a decisão que não admitiu os Recursos Especial e Extraordinário defensivos.

A questão central deste parecer versa sobre a adequação científica da decisão do Primeiro Grupo Criminal do e. **TJRS**, fundamentalmente se o tipo subjetivo da conduta pode ser verificado exclusivamente por meios lógicos – sem depender da revisão do material probatório dos dados empíricos juntado aos autos.

4. Dimensões objetiva e subjetiva do tipo legal de crime – os elementos do tipo penal

Iniciamos pela questão de direito material acerca do conceito analítico de crime e de seus elementos. O **conceito jurídico de crime** é dividido tradicionalmente em duas dimensões, quer no sistema ro-

---

[3] **Art. 615.** O tribunal decidirá por maioria de votos. § 1º Havendo empate de votos no julgamento de recursos, se o presidente do tribunal, câmara ou turma, não tiver tomado parte na votação, proferirá o voto de desempate; **no caso contrário, prevalecerá a decisão mais favorável ao réu.**

[4] **Art. 21.** Os 4 (quatro) Grupos Criminais são formados, cada um, por 2 (duas) Câmaras: a 1ª e 2ª compõem o 1º Grupo; a 3ª e 4ª, o 2º Grupo; a 5ª e 6ª, o 3º Grupo; e a 7ª e 8ª, o 4º Grupo, exigindo-se, para seu funcionamento, a presença de, no mínimo, 5 (cinco) julgadores, incluindo o Presidente. § 1º As sessões dos Grupos de Câmaras Criminais serão presididas: a) ordinariamente, pelo Desembargador mais antigo do Grupo; § 2º Ocorrendo empate na votação, serão observadas as seguintes regras (parágrafo incluído pela Emenda Regimental nº 02/02): I – na hipótese da letra a, do parágrafo 1º, prevalecerá a decisão mais favorável ao réu (CPP, arts. 615, § 1º e 664, parágrafo único) (...).

mano-germânico, quer no *common law*. A **dimensão objetiva** descreve as características objetivas da conduta, do nexo causal e do resultado criminal observados na realidade externa do fenômeno criminal. A **dimensão subjetiva** trata da relação intelectual e anímica do autor com a própria conduta e com o resultado causado e, por isso, recebe a denominação de dimensão subjetiva, uma vez que se refere ao sujeito da conduta.

As duas dimensões – objetiva e subjetiva – permitem a graduação das condutas e dos resultados em diferentes níveis de reprovação, cuja expressão possibilita as tradicionais valorações jurídico-penais do desvalor da conduta e do desvalor do resultado.

É de conhecimento dogmático geral que o crime é analiticamente conhecido por meio de três categorias que formam a cognominada Teoria Geral do Crime: **tipo, ilícito e culpa**.[5] Cada uma dessas categorias do conceito analítico de crime orienta um juízo necessário para a confirmação da ocorrência do fenômeno penal. O juízo de adequação da conduta praticada às características descritas no tipo penal chama-se *tipicidade da conduta*. O juízo de adequação da conduta praticada ao conteúdo juridicamente proibido no ilícito penal denomina-se *ilicitude*. O juízo de reprovação ou de censura da conduta, avaliada anteriormente como típica e ilícita, materializa o juízo de culpabilidade.

Resumidamente, as dimensões tradicionais – objetiva e subjetiva – do crime estão presentes nas três categorias analíticas do conceito jurídico e nos respectivos juízos penais. Tipo é, pois, o elemento responsável pela descrição legal universal e abstrata dos elementos da conduta criminal, que adquiriu notoriedade e relevância científica na dogmática penal alemã, espanhola, portuguesa e latino-americana, desde a divulgação da obra de Ernst von Beling. Então, o tipo penal é o "contorno do tipo de crime" que descreve as dimensões do crime nas suas duas partes: objetiva e subjetiva.[6]

A **parte objetiva do tipo** narra os elementos objetivos da conduta ativa ou omissiva ligada causalmente ao resultado. A denominação **elementos objetivos** toma em consideração os elementos do fato em

---

[5] No Brasil, REALE JÚNIOR, Miguel, *Instituições de direito penal*, Rio de Janeiro: Forense, 2002, p. 126; SANTOS, Juarez Cirino dos, *Direito penal: parte geral*, 2º ed., Curitiba: ICPC; Lumen Juris, 2007, p. 74-75; BITENCOURT, Cezar Roberto, *Tratado de direito penal: parte geral*, 16º ed., São Paulo: Saraiva, 2011, p. 253; PRADO, Luiz Regis, *Curso de direito penal brasileiro*, 13º ed., São Paulo: Editora Revista dos Tribunais, 2014, p. 204; TAVARES, Juarez, *Fundamentos de teoria do delito*, Florianópolis: Tirant lo Blanch, 2018, p. 104; na Itália, CADOPPI, Alberto; VENEZIANI, Alberto, *Elementi di diritto penale, parte generale*, 6º ed, Vinceza: Wolter Kluwer, 2015, p. 189; PULITANÒ, Domenico, *Diritto penale*, 4º ed., Torino: Giappichelli, 2005, p. 62-63.

[6] BELING, Ernst von, *Die Lehre vom Verbrechen*, Tübingen: Mohr, 1906, p. 1 e 110; BELING, Ernst von, *Die Lehre vom Tatbestand*, Tübingen: Mohr, 1930, p. 12.

si exteriorizados pelo autor, e não a relação intelectual e anímica do autor da conduta com o seu comportamento e com o resultado causado. A denominação da parte objetiva do tipo remete à prescindibilidade de verificação interna do comportamento do autor da conduta.

A **parte subjetiva do tipo** é justamente a relação interna que o autor guarda com a sua conduta e com o resultado causado. O dolo e a culpa, que se situavam na esfera da culpabilidade na estrutura analítica do crime do causalismo, passaram a integrar o tipo ou "tipo de ilícito" penal na dogmática de vários países ocidentais, após o acolhimento do finalismo de Hans Welzel.[7]

Destarte, basicamente, os crimes dolosos e culposos diferenciam-se entre si já na descrição legal da conduta típica, prevendo molduras penais diversas e sujeitando-se a competências jurisdicionais diversas no Brasil. O tipo subjetivo permite que crimes com resultados iguais (*desvalor do resultado*) consigam expressar juridicamente distintos graus de reprovação penal da conduta (*desvalor da conduta*) próprios da diferença entre os fenômenos doloso e culposo.

Evidente que o desvalor da conduta é a razão pela qual o fato doloso é apenado com mais severidade que o culposo. Trata-se do reconhecimento jurídico de diferenças ontológicas de desvalor prévias à intervenção do direito penal, que devem ser objeto de prova para a configuração do crime.

É importante registrar alguns entendimentos clássicos, como o fato de que as características do crime descritas no tipo penal aparecem como dados da realidade reconhecidos juridicamente pelo direito penal a partir da sua metodologia científica. O ordenamento penal apenas reconhece elementos da realidade prévia à intervenção legislativa, não podendo presumir ou criar artificialmente características do fato proibido, sob pena de ilegitimidade da punição e de ineficácia preventiva.

Então, as características objetivas e subjetivas da descrição legal do crime devem ser sempre **provadas** na instrução processual, em respeito à legalidade penal e à legitimidade do juízo condenatório. Portanto, a descrição típica de elementos como conduta, causalidade, dolo ou culpa e resultado criminal é feita com base na realidade, exigindo comprovação empírica para a sua verificação concreta. São ele-

---

[7] DIAS, Jorge de Figueiredo, *Direito Penal, Parte Geral, Questões fundamentais da doutrina do crime*, 2º ed., Coimbra: Coimbra Editora, 2007, t. I, p. 270-271, n. 58 e 59; CADOPPI, Alberto; VENEZIANI, Alberto, *Elementi di diritto penale, parte generale*, 6º ed., Vinceza: Wolter Kluwer, 2015, p. 191; e, sobretudo, WELZEL, Hans, *Das Deutsche Strafrecht, eine systematische Darstellung*, 11º ed., Berlin: De Gruyter, 1969, p. 64.

mentos que não podem ser concebidos ou imputados exclusivamente por meio de presunções ou criações jurídicas.

5. Elementos subjetivos gerais (dolo e culpa) e especiais (motivo e finalidade) do tipo penal

A **parte subjetiva do tipo** é a ligação que o autor ou agente tem com a sua conduta ativa ou omissiva, podendo ser observada em relação ao resultado causado, que pertence ao tipo objetivo.

A doutrina costuma dividir a parte subjetiva do tipo penal em: elemento subjetivo geral e elemento subjetivo especial. O elemento subjetivo geral é requisito fundamental para a criminalização da conduta. A conduta em relação ao resultado causado pode: (**a**) prever e querer o resultado, (**b**) prever e aceitar o resultado, (**c**) prever e não querer, nem aceitar o resultado, ou, simplesmente, (**d**) não prever o resultado. Aqui, colocamos as **quatro hipóteses** em ordem decrescente de reprovabilidade do desvalor da conduta, que correspondem a um dos quatro conceitos sintéticos do tipo subjetivo: (**a**) dolo direto, (**b**) dolo eventual, (**c**) culpa consciente e (**d**) culpa inconsciente.

O Código Penal brasileiro segue a regra clássica de que as condutas são proibidas penalmente quando dolosas e apenas excepcionalmente se previstas expressamente na lei, quando culposas (art. 18, parágrafo único, do CP).[8] No mesmo sentido são os Códigos Penais alemão (§15 do StGB) e italiano (art. 42, comma 2 CPI).[9] A legislação brasileira exige para a criminalização que a conduta tenha sido praticada, ao menos, culposamente (arts. 18 e 20 e § 1º, do CP), sempre diferenciando legalmente o tipo subjetivo doloso (art. 18, I, do CP) do culposo (art. 18, II, do CP).

O **dolo direto** é a modalidade mais tradicional de imputação subjetiva no direito penal. Os componentes do **dolo direto** são (**a**) repre-

---

[8] **Art. 18 – Diz-se o crime:** Crime doloso I – doloso, quando o agente quis o resultado ou assumiu o risco de produzi-lo; Crime culposo II – culposo, quando o agente deu causa ao resultado por imprudência, negligência ou imperícia. **Parágrafo único – Salvo os casos expressos em lei, ninguém pode ser punido por fato previsto como crime, senão quando o pratica dolosamente.**

[9] *§ 15 – Vorsätzliches und fahrlässiges Handeln. Strafbar ist nur vorsätzliches Handeln, wenn nicht das Gesetz fahrlässiges Handeln ausdrücklich mit Strafe bedroht.* **Art. 42 –** *Responsabilità per dolo o per colpa o per delitto preterintenzionale. Responsabilità obiettiva Nessuno può essere punito per una azione od omissione preveduta dalla legge come reato, se non l'ha commessa con coscienza e volontà.* **Nessuno può essere punito per un fatto preveduto dalla legge come delitto, se non l'ha commesso con dolo, salvi i casi di delitto preterintenzionale o colposo espressamente preveduti dalla legge.** *La legge determina i casi nei quali l'evento è posto altrimenti a carico dell'agente come conseguenza della sua azione od omissione. Nelle contravvenzioni ciascuno risponde della propria azione od omissione cosciente e volontaria, sia essa dolosa o colposa.*

sentação e **(b)** vontade do resultado, conforme disciplina a primeira parte do art. 18, I, do CP, referindo-se aos elementos do tipo objetivo.[10] A verificação prática do dolo direto não impõe grande dificuldade quanto à verificação do dolo eventual. O **dolo eventual** é a previsão do resultado como altamente provável e a aceitação do resultado no momento de realização da conduta (art. 18, I, do CP). A **culpa consciente** é a previsão e não aceitação do resultado perigoso e indesejável, que acaba sendo causado por imprudência, negligência ou imperícia (art. 18, II, do CP). O autor da conduta "pode, apesar de um tal conhecimento, *confiar*, embora levianamente, em que o preenchimento do tipo se não verificará e age então só com negligência (consciente)".[11] A **culpa inconsciente** é a não previsão do resultado como possível que ocorre causado pela conduta imprudente, negligente ou imperita (art. 18, II, do CP).

O **elemento subjetivo especial** é a descrição de característica especial da conduta que poderá integrar especialmente o tipo penal: o motivo e a finalidade da conduta. **Motivo** é a razão que impulsionou o autor da conduta, uma espécie de atitude interna e pessoal do agente, assim como os sentimentos, as convicções e os modos de pensar. Pode constar na narrativa da conduta incriminada na forma básica (*e.g.* art. 208, do CP), privilegiada ou minorada (*e.g.* art. 121, § 1º, do CP), qualificada (*e.g.* art. 121, § 2º, I, do CP) ou agravada (art. 61, III, *a*, do CP, por exemplo). O motivo é sempre uma característica do fenômeno criminal reconhecida pelo direito dentro dos parâmetros de tipicidade e legalidade.

A finalidade é a intenção, o fim, o objetivo ou a utilidade prática da realização da conduta,[12] que forma os denominados crimes de intenção reconhecíveis pelas expressões legais "com o fim de" (*e.g.*, art. 131, do CP), "a fim de" (*e.g.*, art. 218-A, do CP), "para o fim de", "com a finalidade de" (*e.g.*, art. 288-A, do CP), "com intenção de" ou "para" (*e.g.*, art. 155, do CP) obter algo. A finalidade e o motivo do crime (elemento subjetivo especial) especificam o dolo (elemento subjetivo geral), sendo igualmente abrangidos por ele.

---

[10] BAUMANN, Jürgen; WEBER, Ulrich; MITSCH, Wolfgang; EISELE, Jörge, *Strafrecht, allgemeiner Teil; Lehrbuch*, 12º ed., Bielefeld: Gieseking, 2016, p. 249, nm. 7 e 250, nm. 10; CADOPPI, Alberto; VENEZIANI, Alberto, *Elementi di diritto penale, parte generale*, 6º ed, Vinceza: Wolter Kluwer, 2015, p. 336 e JESCHECK, Hans-Heinrich; WEIGEND, Thomas, *Lehrbuch des Strafrechts, allgemeiner Teil*, 5º ed., Berlin: Duncker & Humblot, 1996, p. 295.

[11] DIAS, Jorge de Figueiredo, *Direito Penal, Parte Geral, Questões fundamentais da doutrina do crime*, 2º ed., Coimbra: Coimbra Editora, 2007, t. I, p. 371, n. 44.

[12] RUIVO, Marcelo Almeida, *Criminalidade financeira, contribuição à compreensão da gestão fraudulenta*, Porto Alegre: Livraria do Advogado, 2011, p. 133.

6. Diferenciação entre dolo eventual e culpa consciente

Existe discussão sobre a teoria que seria mais capaz de definir e diferenciar os conceitos de dolo eventual e de culpa consciente, sendo os resultados práticos e jurídicos muito semelhantes. Atualmente, os principais grupos teóricos estão fundados nos seguintes critérios: **(a)** probabilidade do resultado, **(b)** aceitação do resultado ou conformação com a possível ocorrência do resultado e **(c)** a fórmula hipotética da previsibilidade de Frank.[13]

Resumidamente, explicamos:

(1°) **Probabilidade do resultado** – haveria dolo eventual quando o resultado fosse altamente previsível (representação qualificada do resultado). Já a culpa consciente teria lugar quando o resultado não fosse altamente previsível. É uma teoria que considera mais importante o elemento intelectivo que volitivo da conduta.

(2°) **Aceitação ou conformação com o resultado** – haveria dolo eventual quando o autor da conduta aceitasse o risco do resultado e haveria culpa consciente quando o autor negasse o resultado previsível como possível de acontecer.

(3°) **Fórmula hipotética da previsibilidade de Frank** – a diferenciação ocorre a partir da resposta à pergunta: o autor teria praticado a conduta se soubesse, com certeza, que o resultado ocorreria? O dolo eventual deveria ser afirmado se o autor respondesse positivamente que teria praticado a conduta independentemente do resultado. A culpa consciente deveria ser afirmada quando a resposta do autor fosse negativa, de que não praticaria a conduta ao saber da certeza do resultado.

Então, temos que a "prova" do conhecimento do perigo ao bem jurídico tutelado pode caracterizar dois tipos de condutas com *desvalores* sociais absolutamente diversos: **culpa consciente** e **dolo eventual**.

Em nosso sentir, **o dolo eventual somente se configura caso exista prova do (a) conhecimento do perigo ao bem jurídico protegido pela norma penal que era (b) aceito, anuído, com absoluta indiferença.**

---

[13] DIAS, Jorge de Figueiredo, *Direito Penal, Parte Geral, Questões fundamentais da doutrina do crime*, 2° ed., Coimbra: Coimbra editora, 2007, t. I, p. 369, nm. 39.

Veja-se que, **sem a demonstração probatória da anuência ou aceitação do resultado, não se pode falar em dolo eventual, pois segue em aberto a real hipótese de culpa consciente**. Então, a comprovação de que uma conduta social é juridicamente uma conduta dolosa eventual deve demonstrar que o resultado ofensivo ao bem jurídico era conhecido e, sobretudo, aceito pelo autor.

No caso da Boate Kiss, as três teorias convergem no sentido da impossibilidade de imputação jurídica por dolo eventual. Veja-se sinteticamente:

(1º) **na teoria da probabilidade**, era preciso provar que os acusados conheciam a alta probabilidade de ocorrência do resultado;

(2º) na **teoria da aceitação ou conformação com o resultado**, deveria ser provado que os acusados previram e aceitaram ou conformaram-se com o resultado;

(3º) **segundo a fórmula de Frank**, seria necessário provar que os acusados teriam praticado as mesmas condutas se, no momento da ação, tivessem certeza que o resultado ocorreria.

O acurado exame do conjunto fático-probatório da presente na ação penal não comprova o dolo eventual e indica claramente a ocorrência da culpa. Aliás, este é o entendimento corretamente afirmado no último acórdão do **TJRS** – Embargos Infringentes n. 70075120428.

Em caso semelhante de rumoroso incêndio em boate, a doutrina comparada acompanha rigorosamente a diferenciação fenomenológica e técnica ente o dolo eventual e a culpa consciente no sentido do **TJRS**. Diante do incêndio da **Boate Utopia, no Peru**, a doutrina afirmou que uma mera representação do resultado não significa a afirmação do dolo eventual[14], considerando que igualmente há a representação do resultado acreditado como impossível na culpa consciente.

7. Necessidade de comprovação empírica da previsibilidade do resultado para a culpa consciente e da aceitação do resultado previsível para o dolo eventual

A parte subjetiva do tipo expressa a desconsideração do autor da conduta em relação à ordem jurídica e ao bem jurídico tutelado. A

---

[14] CARO JOHN, Jose Antonio, *Dogmática penal aplicada*, Lima: Ara Editores, 2010, p. 39.

doutrina costuma referir que o dolo é uma "relação psicológica"[15] de "desprezo pelo mundo do direito"[16], "desprezo pelo bem jurídico tutelado"[17] ou "decisão para a possível lesão ao bem jurídico".[18]

Esse desprezo pelo bem jurídico e pelo conteúdo de proteção da norma faz parte da essência do fenômeno criminal, portanto não pode ser presumido, imputado ou criado normativamente pelo direito. Ao contrário, é um dado da realidade que integra o tipo penal, exigindo prova empírica de que os acusados efetivamente expressaram a integralidade dos elementos da conduta descrita no tipo penal.

A imputação por culpa consciente exige a prova do conhecimento da previsibilidade do resultado, e a imputação por dolo eventual requer fundamentalmente o conhecimento da previsibilidade e a aceitação do resultado provável. Essa compreensão do dolo eventual foi cientificamente apresentada em publicação no final da década de noventa[19], sendo recentemente reafirmada diante dos riscos de ampliação injustificada do conceito.

A manifestação técnica aqui apresentada decorre de reflexão teórica que tem sido desenvolvida e comprovada há mais de duas décadas.[20] Trata-se de entendimento que pertence aos elementos clássicos da Teoria Geral do tipo subjetivo, não tendo sido pensado exclusivamente para atender as dificuldades técnicas de uma tragédia de alta repercussão e clamor social.

---

[15] BAUMANN, Jürgen; WEBER, Ulrich; MITSCH, Wolfgang; EISELE, Jörge, *Strafrecht, allgemeiner Teil; Lehrbuch*, 12° ed., Bielefeld: Gieseking, 2016, p.256, § 11, nm. 26; EISELE, Jörg In: SCHÖNKE, Adolf; SCHRÖDER, Horst, *Strafgesetzbuch, Kommentar*, 30 ° ed., München: Beck, 2019, p. 193-223, nm. 120/121.

[16] ENGISCH, Karl, *Untersuchungen über Vorsatz und Fahrlässigkeit im Strafrecht*, Neudruck der Ausg. Berlin 1930, Aalen: Scientia, 1964, p. 179.

[17] JESCHECK, Hans-Heinrich; WEIGEND, Thomas, *Lehrbuch des Strafrechts, allgemeiner Teil*, 5° ed., Berlin: Duncker & Humblot, 1996, p. 300.

[18] ROXIN, Claus Roxin, *Strafrecht, allgemeiner Teil, Grundlagen, der Aufbau der Verbrechenslehre*, 4° ed., München: Beck, 2006, v. I, p. 447-448, nm. 27.

[19] WUNDERLICH, Alexandre, "O dolo eventual nos homicídios de trânsito: uma tentativa frustrada", *Revista dos Tribunais*, 1998, n. 574, p. 461-479.

[20] A primeira publicação encontra-se em WUNDERLICH, Alexandre, "O dolo eventual nos homicídios de trânsito: uma tentativa frustrada", *Revista dos Tribunais*, n. 574, p. 161-479. O texto foi republicado na coletânea de trabalhos científicos que marcaram a década, organizada pelo Professor Gustavo BADARÓ (*Doutrinas Essenciais de Direito penal e Processo Penal*, São Paulo: Revista dos Tribunais, 2015, p. 1.169 *et seq*). Recentemente, o entendimento foi aprofundado em artigo publicado no livro em homenagem ao Professor René Ariel DOTTI, WUNDERLICH, Alexandre, "O dolo eventual nos homicídios de trânsito como uma tentativa frustrada: a reafirmação de uma posição", In: BUSATO, Paulo, SÁ Priscila P., SCANDELARI, Gustavo (Coords.), *Perspectivas das Ciências Criminais*, Rio de Janeiro: GZ, 2016, p. 293-308.

8. Correção científica da rejeição da hipótese de dolo eventual pelo Tribunal de Justiça do Rio Grande do Sul

O esclarecimento dogmático da diferenciação entre os conceitos de dolo eventual e de culpa consciente permite analisar as questões formuladas aos pareceristas com mais clareza científica. Em nosso pensar, os acórdãos do **TJRS**, com especial destaque o julgamento dos Embargos Infringentes n. 70075120428, são compostos por votos bem fundamentados em argumentos práticos e teóricos que determinaram a **desclassificação** da imputação penal formulada na denúncia. **O respaldo na ciência penal contemporânea culminou no julgamento do caso com prudência e Justiça.**

A principal decisão que determinou a desclassificação da imputação está assim ementada:

EMBARGOS INFRINGENTES. SENTENÇA DE PRONÚNCIA. CRIMES DE HOMICÍDIO. INCÊNDIO EM ESTABELECIMENTO NOTURNO. ACUSAÇÃO DA PRÁTICA DE FATOS DOLOSOS. INCONFORMIDADE DA DEFESA DOS RÉUS. DIVERGÊNCIA RESTRITA À NATUREZA DOLOSA DAS INFRAÇÕES PENAIS.

1. Fatos delituosos relativos à incêndio em estabelecimento noturno na comarca de Santa Maria. Réus **pronunciados pela prática de homicídios qualificados, consumados e tentados,** que agiram na condição de sócios da casa noturna, e como integrantes de uma banda musical que se apresentou na oportunidade, levando a efeito "show" pirotécnico com emprego de fogos de artifício, o que deu azo a incêndio que terminou por causar a morte e lesões dos freqüentadores.

2. **Circunstâncias fáticas que não podem ser havidas como demonstrativas de agir doloso pelos denunciados,** ora pronunciados. O emprego de fogos de artifício impróprios para o local, o fato de o ambiente interior do imóvel encontrar-se revestido de madeira, cortinas de tecido e de espuma altamente tóxica e inflamável, a superlotação com número de pessoas além da capacidade, a inexistência de sinalização de emergência e de saídas alternativas, além de funcionários não preparados para situação de emergência, somadas ao fato de que dito estabelecimento vinha funcionando regularmente, mas com pendências, sem qualquer óbice por parte das autoridades encarregadas de fiscalização, inclusive porque já havia sido exibido o "show" pirotécnico, sem nenhum incidente, **constituem dados que informam agir culposo em sentido estrito** a ser examinado pelo juiz singular competente.

3. Conduta dolosa que, à luz do disposto no art. 18, I, do CP, exige a manifestação da vontade em relação ao resultado morte. Assumir o risco de produzir a morte significa aprovar o resultado, o que não restou evidenciado nos autos. Regra do art. 413 do CPP que impõe ao juiz a pronúncia do acusado, quando convencido da materialidade do fato (não de qualquer fato, mas de fato que configure crime doloso contra a vida), e quando verificar presentes indicativos suficientes da autoria. Dever do juiz em declinar os fundamentos por que vê, na espécie delituosa, a existência de agir doloso na conduta do agente do crime. Impossibilidade de pura e simplesmente transferir-se o exame do elemento volitivo do fato aos jurados. Desclassificação da espécie que se impõe para outros crimes que não aqueles da competência do Tribunal do Júri.

4. Recurso, de um dos réus, que transcende os limites da divergência, postulando a absolvição do acusado. Impossibilidade. Não pode o recurso ser conhecido quanto ao pedido de absolvição, vez que ultrapassa os limites da divergência de votos quando do julgamento dos recursos em sentido estrito. RECURSOS CONHECIDOS, EXCETO NO QUE TANGE A UM DOS RECURSOS QUE É CONHECIDO APENAS EM PARTE, PARA DAR **PROVIMENTO À INCONFORMIDADE DA DEFESA E DESCLASSIFICAR OS FATOS PARA OUTROS QUE NÃO AQUELES DA COMPETÊNCIA DO TRIBUNAL DO JÚRI**.

(TJRS, Embargos Infringentes e de Nulidade n° 70075120428, 1° Grupo Criminal, Rel. Des. Victor Luiz Barcellos Lima, julgado em 01/12/2017, DJe 22/01/2018).

Algumas passagens fundamentais desse acórdão evidenciam o seu acerto. A análise do conjunto fático-probatório à luz do direito vigente aponta a inexistência de qualquer das modalidades de dolo pela falta da representação do resultado e, portanto, pela impossibilidade concreta de aceitação do resultado não representado:

Primeiro. **Falta de narrativa do dolo direto e mesmo eventual em condutas praticadas pelos denunciados.** Em nosso entendimento, a acusação não cumpriu o dever jurídico-legal de narrar todos os elementos do tipo penal que imputou. Há meras suposições de vontade, abstrações sem amparo em dados objetivos concretos. Não há descrição do "desígnio criminoso", ou seja, a "vontade dos agentes" que "integra a tipicidade da ação e que, por conseguinte, diz respeito à essência do crime" e ao elemento fundamental do tipo penal imputado. [Voto do i. Des. Victor Luiz Barcellos Lima, p. 25, 27 e 29-30.]

Segundo. **Absoluta falta de indícios que manifestem a vontade de "matar".** Não há nos autos nem mesmo indícios mínimos indicativos da suposta vontade de matar dos acusados. O conjunto probatório é, em nosso juízo, inegável. [Na linha do voto do i. Des. Victor Luiz Barcellos Lima, p. 27.]

Terceiro. **Falta de previsibilidade do resultado como provável.** Os autos atestam que o estabelecimento comercial funcionava regularmente, cumprindo os requisitos exigidos pelas autoridades públicas para funcionamento. O "show pirotécnico" havia sido realizado anteriormente, sem qualquer incidente ou reclamação. [No sentido do voto do i. Des. Victor Luiz Barcellos Lima, p. 34, e. Des. Honório Gonçalves da Silva Neto, p. 64, 64-65 e 66, e. Voto Des. Luiz Mello Guimarães, p. 68-70.]

Quarto. **Falta de indícios que manifestem indiferença ou demonstrem a aceitação do resultado mortes e lesões corporais.** A argumentação acusatória está baseada estritamente na suposta previsibilidade da conduta, e não na indiferença ou no necessário aceite do resultado, o que impede a imputação por dolo eventual. Muito pelo contrário, "é que não há como admitir que os réus Mauro e Elissandro, ao usarem espuma inflamável, contratarem o espetáculo, superlotarem a boate etc., tudo visando maior lucro, eram indiferentes a, além de matar centenas de jovens, incendiar todo o seu patrimônio, perdê-lo e ter de indenizar diversas famílias". [Na linha do voto do i. Des. Luiz Mello Guimarães, p. 67-68.]

Quinto. **Elementos articulados na denúncia (item 2) não permitem afirmar previsibilidade, menos ainda "aceitação" do resultado.** "A colocação de espuma imprópria, de guarda-corpos que teriam dificultado a evacuação e a existência de uma só porta de saída referem-se ao local" e "não determinariam a representação do resultado havido como possível, nem mesmo se associadas ao eventual descaso na manutenção dos extintores e à superlotação que, comum e indevidamente, ocorre em boates, em especial nas mais frequentadas". É correto o racional apresentado no sentido de que **"o somatório de tais condutas"**, por si só, **"não enseja a conclusão de que tal resultado foi previsto pelos agentes"**, senão a de que deixaram de observar o dever objetivo de cuidado ao não prevê-lo. A conduta situa-se no máximo na esfera da culpa. [Voto do e. Des. Honório Gonçalves da Silva Neto, p. 65-66 do acórdão.]

O fato é que a afirmação do eventual conhecimento de algum risco não significa, de maneira alguma, a aceitação de um perigo que extrapole os limites da culpa. Menos ainda a **"aceitação"** ou a **"anuência"** do resultado danoso ao bem jurídico. Bem ao contrário, em nosso entender, a relação psíquica dos autores da conduta com o fato e o bem jurídico tutelado é parte essencial do tipo subjetivo que caracteriza o crime, sendo justamente o que o diferencia de outras condutas penais. Essa relação psíquica deve ser objeto de produção probatória séria e idônea, e não meramente de conjectura, presunção ou mera imputação.

Logo, por todo o exposto, o conjunto de decisões tomadas pelo e. **TJRS** acerta na resolução técnica e justa do caso penal. O conjunto de provas somente permite a conclusão de que os acusados não previram o resultado como provável e, portanto, não "**consentiram**" com o resultado do acidente.

9. Recursos aos Tribunais Superiores

9.1. Objeto recursal eminentemente jurídico (questões de direito – *in iure*)

O segundo aspecto do presente parecer versa sobre a eventual reversão do caso nos Tribunais Superiores, por meio de Recursos interpostos pelo Ministério Público do Estado do Rio Grande do Sul e pela Assistente de Acusação Associação dos Familiares de Vítimas da Tragédia de Santa Maria (AVTSM).

Os Recursos aos Tribunais Superiores estão concebidos como meios de impugnação intensamente **limitados** no cabimento e na finalidade na Constituição Federal. O objeto recursal é sempre atinente a **questões de direito**, nomeadamente de verificação jurídica (*in iure*) da qualidade das decisões proferidas por Tribunais Regionais ou dos Estados.

O Recurso Especial está destinado aos casos de negação ou má aplicação da lei federal em julgado de Tribunal Regional ou Estadual ou em ato de governo local (art. 105, III, da CF). Já o Recurso Extraordinário segue a natureza de Recurso de Revisão de tribunal inferior nas hipóteses taxativas relacionadas à Constituição Federal e ao conflito entre lei local e lei federal (art. 101, III, da CF), sendo de competência do Supremo Tribunal Federal.

A tradição brasileira de cabimento dos Recursos aos Tribunais Superiores restrito a questões jurídicas encontra semelhanças profundas na tradição europeia dos Recursos de Revisão. O Código de Processo Penal alemão (StPO) restringe a admissibilidade do Recurso de Revisão (*Revision*) igualmente a questões eminentemente de direito[21]

---

[21] ROXIN, Claus; SCHÜNEMANN, Bernd, *Strafverfahrensrecht, ein Studienbuch*, 28° ed., München: Beck, 2014, p. 461, n. 1; BEULKE, Werner, *Strafprozessrecht*, 9° ed, Heidelberg: C.F. Müller, 2006, p. 329, n. 359; KÜHNE, Hans-Heiner, *Strafprozessrecht, eine systematische Darstellung des deutschen und europäischen Strafverfahrensrechts*, 8ª ed., Heidelberg: C. F. Müller, 2010, p. 634, n. 1071.

suscitadas em decisões de câmaras ou Tribunais Regionais (§ 333, do StPO).[22] Os fundamentos para a revisão da decisão do Tribunal Regional estão previstos expressamente na lei processual penal (§337, do StPO)[23] indicando a finalidade de "proteção da unidade do direito"[24] positivada pelo legislador. O conceito central é a "violação da lei" que pode ocorrer por meio da "não aplicação" ou "aplicação não correta" da lei (§337, (1) (2), do StPO).[25]

O direito processual italiano também delimita acentuadamente o cabimento e o âmbito de devolutividade aos "motivos de direito" no Recurso para a Corte de Cassação[26] contra o julgamento da apelação, evitando a existência de uma terceira instância recursal.[27] O recurso contra a "violação de lei" está previsto na própria Constituição Italiana (art. 111, *comma* 7, da CI)[28] e no Código de Processo Penal com a indicação de taxativas hipóteses de cabimento[29] (art. 606, *comma* 1, CPPI).[30]

---

[22] § 333 – *Zulässigkeit Gegen die Urteile der Strafkammern und der Schwurgerichte sowie gegen die im ersten Rechtszug ergangenen Urteile der Oberlandesgerichte ist Revision zulässig.*

[23] § 337 – *Revisionsgründe (1) Die Revision kann nur darauf gestützt werden, daß das Urteil auf einer Verletzung des Gesetzes beruhe. (2) Das Gesetz ist verletzt, wenn eine Rechtsnorm nicht oder nicht richtig angewendet worden ist.*

[24] BEULKE, Werner, *Strafprozessrecht*, 9° ed., Heidelberg: C.F. Müller, 2006, p. 327, nm. 559; ROXIN, Claus; SCHÜNEMANN, Bernd, *Strafverfahrensrecht, ein Studienbuch*, 28° ed., München: Beck, 2014, p. 463, n. 8.

[25] ROXIN, Claus; SCHÜNEMANN, Bernd, *Strafverfahrensrecht, ein Studienbuch*, 28° ed., München: Beck, 2014, p. 464, n. 10 e 465, n. 16.

[26] CONSO, Giovanni; GREVI, Vittorio; BARGIS, Marta, *Compendio di procedura penale*, 8° ed., Vicenza: Cedam, 2016, p. 874.

[27] SCALFATI, Adolfo, *Manuale di diritto processuale penale*, Torino : G. Giappichelli editore, 2015, p. 792.

[28] Art. 111 – La giurisdizione si attua mediante il giusto processo regolato dalla legge. (...) Contro le sentenze e contro i provvedimenti sulla libertà personale, pronunciati dagli organi giurisdizionali ordinari o speciali, è sempre ammesso ricorso in Cassazione per violazione di legge. Si può derogare a tale norma soltanto per le sentenze dei tribunali militari in tempo di guerra.

[29] CONSO, Giovanni; GREVI, Vittorio; BARGIS, Marta, *Compendio di procedura penale*, 8° ed., Vicenza: Cedam, 2016, p. 87.

[30] Art. 606 – 1. Il ricorso per cassazione può essere proposto per i seguenti motivi (1): a) esercizio da parte del giudice di una potestà riservata dalla legge a organi legislativi o amministrativi ovvero non consentita ai pubblici poteri (2); b) inosservanza o erronea applicazione della legge penale o di altre norme giuridiche, di cui si deve tener conto nell'applicazione della legge penale (3); c) inosservanza delle norme processuali stabilite a pena di nullità [177-186], di inutilizzabilità [63, 103, 191, 195, 228 3, 240, 254 3, 267 2, 270, 350 6, 360 5, 403, 407 3, 526] (3), di inammissibilità [41, 46, 78, 84, 93, 393, 397, 410, 435, 461, 586, 591, 613, 634, 645] o di decadenza [21, 79, 80, 85, 86, 95, 175 3, 182, 458, 585, 646 4] (4); d) mancata assunzione di una prova decisiva, quando la parte ne ha fatto richiesta anche nel corso dell'istruzione dibattimentale limitatamente ai casi

O sistema de impugnações recursais ordinário possibilita o exame fático probatório. Residualmente, o esgotamento dos recursos ordinários permite o prosseguimento da revisão eminentemente de direito nos Tribunais Superiores. A impugnação das decisões judiciais tem como protagonista o cidadão acusado, sendo o recurso uma garantia processual constitucionalizada.[31]

Nesse sentido, existe compreensão dogmática sobre a impossibilidade da interposição recursal pela acusação quando a decisão judicial de primeiro grau for absolutória. O e. **Professor Geraldo Prado**, seguindo a lição do maestro argentino **Julio Maier**, afirma que o recurso deveria ser "**exclusivo da defesa**".[32] Se seria correta a otimização da tutela do cidadão no sistema processual acusatório, eliminando a possibilidade impugnatória por parte do Ministério Público diante da sentença ou acórdão absolutório, há mais razão para a vedação dos Recursos manejados pelo órgão acusatório ou pelo assistente da acusação para a **reclassificação da tipicidade**.

Feitas as observações, passa-se ao exame da possibilidade jurídica de eventual reversão da decisão do **TJRS** pelas Cortes Superiores – **STJ** e **STF**.

9.2. Inadequação e descabimento do reexame probatório (Súm. 7, do STJ e 279, do STF). Impossibilidade do recurso do Ministério Público. Desinteresse e ilegitimidade recursal do assistente da acusação na mudança da capitulação legal

É de amplo conhecimento que a jurisprudência vigente das Cortes Superiores brasileiras manifesta pacificamente a inadequação do

---

previsti dall'articolo 495, comma 2 (5); e) mancanza, contraddittorietà o manifesta illogicità della motivazione, quando il vizio risulta dal testo del provvedimento impugnato ovvero da altri atti del processo specificamente indicati nei motivi di gravame (6).

[31] DIEGO DÍEZ, Luis Alfredo de, *El derecho de aceso a los recursos: doctrina constitucional*. Madrid: Colex, 1998, p. 15.

[32] PRADO, Geraldo, "Duplo grau de jurisdição no processo penal brasileiro: visão a partir da convenção americana de direitos humanos em homenagem às ideias de Julio B. J. Maier" In: BONATO, Gilson (Org.), *Direito penal e processual penal: uma visão garantista*, Rio de Janeiro: Lumen Juris, 2001, p. 115. A revisão da decisão só pode ser realizada em favor do cidadão-acusado, assim como ocorre no Embargos Infringentes e ocorria no Protesto por Novo Júri. A pretensão de reforma nos Tribunais Superiores da desclassificação jurídica realizada após ampla análise probatória na Corte Estadual subverte a noção do recurso como garantia. Mais detalhes, WUNDERLICH, Alexandre, "Por um sistema de impugnações no Processo Penal Constitucional brasileiro" In: WUNDERLICH, Alexandre (org.). *Escritos de Direito Penal e Processo Penal*: em homenagem ao Professor Paulo Cláudio Tovo, Rio de Janeiro: Lumen Juris, 2002 a. p. 15-46.

reexame profundo de questões de fato e de provas por via dos Recursos Especial e Extraordinário. Esse é o sentido que indiscutivelmente orienta as doutrinas brasileira[33] e internacional dos Recursos aos Tribunais Superiores e dos Recursos de Revisão.

Vejam-se alguns exemplos da jurisprudência massiva e recente das 5ª e 6ª Turmas do e. STJ,[34] órgão uniformizador de julgados, até mesmo sobre a específica revisão probatória para fins de reavaliação do dolo, como pretendido no caso dos autos, e.g.:

AGRAVO REGIMENTAL NO AGRAVO EM RECURSO ESPECIAL. DIREITO PENAL. INJÚRIA RACIAL. **ALEGAÇÃO DE AUSÊNCIA DE DOLO. ABSOLVIÇÃO. IMPOSSIBILIDADE. ÓBICE INTRANSPONÍVEL DA SÚMULA 7/STJ. REGIMENTAL IMPROVIDO.** 1. Tal como já referido, para esta Corte rever a condenação do agravante e concluir pela inexistência dos fatos ensejadores da punição, **teria, necessariamente, de esmerilar todas as provas dos autos, o que é, categoricamente, proibido pela Súmula 7/STJ e incompatível com a vocação constitucional desta Casa Superior de Justiça** de dizer o direito. 2. Portanto, a decisão agravada deve ser mantida intacta pelos seus próprios termos. 3. Agravo regimental improvido.

(STJ, AgRg no AREsp 1193717/DF, 5ª Turma, Rel. Ministro REYNALDO SOARES DA FONSECA, julgado em 27/02/2018, DJe 09/03/2018).

AGRAVO REGIMENTAL NO RECURSO ESPECIAL. CRIME DE SEQUESTRO E CÁRCERE PRIVADO – ART. 148 DO CÓDIGO PENAL. CARACTERIZAÇÃO DO DOLO. REEXAME DE PROVAS. IMPOSSIBILIDADE. INCIDÊNCIA DA SÚMULA N. 7 DESTA CORTE. PRECEDENTES. I – Afastar a conclusão do Tribunal de origem, quanto à ausência do elemento subjetivo do réu, implica o reexame do conjunto fático-probatório dos autos, o que é inadmissível na via do Recurso Especial, a teor da Súmula 07 do Superior Tribunal de Justiça. II – A decisão agravada não merece reparos, porquanto proferida em consonância com a jurisprudência desta Corte Superior. III – Agravo Regimental improvido.

---

[33] GRINOVER, Ada Pellegrini; GOMES FILHO, Antônio Magalhães; FERNANDES, Antonio Scarence, *Recursos no Processo Penal: Teoria Geral dos Recursos, Recursos em Espécie, Ações de Impugnação, Reclamação aos Tribunais*, 3º ed., São Paulo: Editora Revista dos Tribunais, p. 269-270 e BADARÓ. Gustavo, *Processo Penal*, 4º ed., São Paulo: Editora Revista dos Tribunais, 2016, p. 896.

[34] **STJ, AgInt no REsp 1684306/SP**, 6ª T, Rel. Min. Nefi Cordeiro, julg 19/04/2018, DJe 11/05/2018; **STJ, AgRg no AREsp 1332809/SP**, 6ª T, Rel. Min. Laurita Vaz, Julg 06/11/2018, DJe 30/11/2018; **STJ, AgRg no REsp 1612200/SC**, 5ª T, Rel. Min. Jorge Mussi, Julg 04/12/2018, DJe 14/12/2018; **STJ, AgRg no AREsp 652627/SP**, 6ª T, Rel. Min. Rogério Schietti Cruz, Julg 13/11/2018, DJe 06/12/2018.

(STJ, AgRg no REsp 1133709/MG, 5ª T, Rel. Min. Regina Helena Costa, Julg 08/05/2014, DJe 14/05/2014).

Igualmente nesse sentido é a jurisprudência pacífica das 1ª e 2ª Turmas do **STF**:[35]

AGRAVO INTERNO NO RECURSO EXTRAORDINÁRIO COM AGRAVO. PENAL E PROCESSUAL PENAL. CRIME DE HOMICÍDIO QUALIFICADO. ARTIGO 121, § 2º, I E IV, DO CÓDIGO PENAL. CONTAGEM CONTÍNUA DO PRAZO EM MATÉRIA PENAL. ARTIGO 798 DO CÓDIGO DE PROCESSO PENAL. APELO EXTREMO INTEMPESTIVO. ALEGADA VIOLAÇÃO AO ARTIGO 5º, LXIII, DA CONSTITUIÇÃO FEDERAL. PRINCÍPIO DO *NEMO TENETUR SE DETEGERE*. NECESSIDADE DE REVOLVIMENTO DO CONJUNTO FÁTICO-PROBATÓRIO DOS AUTOS. IMPOSSIBILIDADE. SÚMULA 279 DO STF. AGRAVO INTERNO DESPROVIDO.
(STF, ARE 1161459 AgR, 1ª T, Rel. Min. Luiz Fux, Julg. 23/11/2018, Proc. Elet. DJe-256 Divulg. 29/11/2018, Public. 30/11/2018).

AGRAVO REGIMENTAL NO RECURSO EXTRAORDINÁRIO COM AGRAVO. PENAL. REVISÃO CRIMINAL. CABIMENTO. NECESSIDADE DE REAPRECIAÇÃO DE NORMAS INFRACONSTITUCIONAIS E DO CONJUNTO FÁTICO-PROBATÓRIO DOS AUTOS. OFENSA INDIRETA À CONSTITUIÇÃO. INCIDÊNCIA DA SÚMULA 279/STF. INADMISSIBILIDADE DO RECURSO EXTRAORDINÁRIO. VIOLAÇÃO DOS PRINCÍPIOS DO CONTRADITÓRIO, DA AMPLA DEFESA, DOS LIMITES DA COISA JULGADA E DO DEVIDO PROCESSO LEGAL. AUSÊNCIA DE REPERCUSSÃO GERAL (TEMA 660). AGRAVO REGIMENTAL A QUE SE NEGA PROVIMENTO. I – Para chegar-se à conclusão contrária à adotada pelo acórdão recorrido, seria necessária a reinterpretação da legislação infraconstitucional aplicável ao caso, sendo certo que a ofensa à Constituição seria apenas indireta, bem como o reexame do conjunto fático-probatório constante dos autos, o que atrai o óbice da Súmula 279/STF. Inviável, portanto, o recurso extraordinário. II – O Supremo Tribunal Federal, ao julgar o ARE 748.371-RG/MT (Tema 660), de relatoria do Ministro Gilmar Mendes, rejeitou a repercussão geral da controvérsia referente à suposta ofensa aos princípios constitucionais do contraditório, da ampla defesa,

---

[35] No mesmo sentido, **STF, ARE 1107575 AgR**, 1ª T, Rel. Min. Rosa Weber, Julg. 30/11/2018, Proc Elet DJe-265 Divulg 10/12/2018, Public 11/12/2018; **STF, ARE 1161459 AgR**, 1ª T, Rel. Min. Alexandre de Morais, Julg 06/11/2018, Proc Elet DJe-241 Divulg 13/11/2018, Public 14/11/2018; **STF, ARE 1161459 AgR**, 1ª T, Rel Min. Roberto Barroso, Julg 06/11/2018, Proc Elet DJe-244 Divulg 16/11/2018, Public 19/11/2018.

do devido processo legal e da prestação jurisdicional, quando o julgamento da causa depender de prévia análise de normas infraconstitucionais, por configurar situação de ofensa indireta à Constituição Federal.
III – Agravo regimental a que se nega provimento.
(STF, ARE 1132000 AgR, 2ª T., Rel. Min. RICARDO LEWANDOWSKI, Julg 26/10/2018, Proc. Elet. DJe-235, Divulg. 05/11/2018, Public. 06-11-2018).

Há um óbice jurídico intransponível: os julgados indicam unanimemente a impossibilidade de examinar todas as provas produzidas na ação penal no âmbito do objeto do recurso federal, seja ele Recurso Especial ou Recurso Extraordinário.

A impossibilidade de admissão dos Recursos Especial e Extraordinário com a finalidade de reexaminar o material probatório produzido em graus de jurisdição anteriores encontra-se evidenciada na edição de **duas súmulas** atentamente observadas pela jurisprudência. O **STJ** editou a **Súmula n. 7,** que diz *"A pretensão de simples reexame de prova não enseja recurso especial"*. O **STF**, rigorosamente no mesmo sentido, estabeleceu a **Súmula n. 279**: *"Para simples reexame de prova não cabe recurso extraordinário"*.

Ante o cenário exposto, é visível que a pretensão de reforma do acórdão recorrido não pode ser atendida. A mudança da decisão do **TJRS** para alcançar o injustificado processamento das condutas narradas como se fossem dolosas, não pode ser realizada sem que se proceda ao juízo empírico de completo e profundo reexame do material probatório.

Aplicação diversa da lei penal não tem respaldo na legislação e na ciência penal brasileira e internacional nesse caso. Todavia, apenas por hipótese, se eventualmente houvesse razão para a mudança da imputação penal do tipo subjetivo, essa mudança **jamais** poderia ocorrer sem a revisão do conjunto do material probatório e sem a verificação da adequação da capitulação legal pelo Poder Judiciário.

Por fim, não há interesse e legitimidade recursal do Assistente da Acusação constituído pela Associação dos Familiares das Vítimas da Tragédia de Santa Maria (AVTSM). O interesse recursal do Assistente da Acusação restringe-se à busca da condenação criminal capaz de servir como título executivo para a reparação do dano patrimonial sofrido pela vítima.[36] Nesse sentido é a previsão taxativa das ativida-

---

[36] TOURINHO FILHO, Fernando da Costa, *Processo penal*, 20º ed., São Paulo: Saraiva, 1998, v. 2, p. 498-499.

des que podem ser exercidas pelo Assistente de Acusação no **art. 271, do CPP**.[37]

O Assistente da Acusação tem legitimidade para interpor recurso autonomamente em apenas duas hipóteses: (1) impronúncia do acusado no rito escalonado do júri e (2) extinção da punibilidade. As duas hipóteses são casos que impedem a obtenção do título executivo judicial na conclusão do juízo penal **(art. 63, do CPP)**.[38]

Logo, no caso em questão, falta interesse e legitimidade recursal para que o Assistente de Acusação rediscuta o conjunto probatório por meio de Recursos aos Tribunais Superiores. A pretensão de requalificação jurídica do fato a partir das provas obtidas na instrução não é essencial para a reparação de eventual dano patrimonial, haja vista que os acusados não estão inocentados ou com as suas punibilidades extintas. As corretas decisões do **TJRS** não inocentaram os acusados, que seguem respondendo processo penal.

9.3. Manifestação do Ministério Público em Parecer ofertado no STJ – Recurso Especial n. 1.790.039/RS

A avaliação dos conceitos de culpa consciente e de dolo eventual não pode ser feita por meio de **presunções**. As consequências processuais na determinação da competência penal são evidentes e precisam ser ressaltadas diante do perigo de deterioração dos conceitos clássicos do Direito Penal.

Infelizmente, é frequente que, em casos como o presente, **as denúncias apresentem intencionalmente visão redutora da realidade**, ampliando a responsabilidade subjetiva sobre os elementos objetivos, dando elasticidade demasiada ao conceito de dolo eventual. **É isso que se observa e se denuncia há mais de duas** décadas, alcançando eco na doutrina e na jurisprudência.

O Ministério Público com atuação no **STJ**, fiscal da legalidade por ordem constitucional, agiu como mero acusador no **Parecer** n. 20.180/2019/GAB/AM, ofertado nos autos do Recurso Especial n. 1.790.039/RS em tramitação na Sexta Turma, sob relatoria do Exmo.

---

[37] Art. 271. Ao assistente será permitido propor meios de prova, requerer perguntas às testemunhas, aditar o libelo e os articulados, participar do debate oral e arrazoar os **recursos interpostos** pelo Ministério Público, ou **por ele próprio, nos casos dos arts. 584, § 1º, e 598**.

[38] Art. 63. Transitada em julgado a sentença condenatória, poderão promover-lhe a execução, no juízo cível, para o efeito da reparação do dano, o ofendido, seu representante legal ou seus herdeiros. **Parágrafo único.** Transitada em julgado a sentença condenatória, a execução poderá ser efetuada pelo valor fixado nos termos do inciso IX do caput do art. 387 deste Código sem prejuízo da liquidação para a apuração do dano efetivamente sofrido.

Ministro Rogério Schietti Cruz, sendo recebido pelos subscritores durante a redação do parecer.

Após os estudos realizados e o acurado exame dos autos, entendemos que não há como proceder à alteração da capitulação legal pretendida pelo Ministério Público, de forma puramente jurídica, sem revisitar materialmente a totalidade do conjunto probatório. O pedido é impossível.

A afirmação de que a decisão de pronúncia encerra um simples juízo de admissibilidade da acusação não é razoável e nem aplicável ao caso em concreto, exigindo a manifesta existência de indícios de autoria e materialidade do crime doloso contra a vida.

O caso em questão trata da correta classificação jurídica dos fatos objeto da produção probatória, como sendo hipótese manifestamente diversa do dolo eventual. Afirma-se isso sob pena de distorcer o material probatório e a diferenciação científica entre os conceitos técnicos de dolo eventual e de culpa consciente. Não há qualquer tipo de usurpação de competência constitucional do Júri. Aliás, a acusação deveria ter sido ajuizada no juízo comum por crime culposo e, se assim tivesse sido, muito provavelmente a ação penal de Santa Maria estaria julgada, e os réus, responsabilizados.

Veja-se que o afastamento da imputação de dolo eventual ocorreu justamente pelo confronto da descrição da denúncia com as provas colhidas na instrução probatória. A pretensão recursal trazida pelo Ministério Público e pela Assistência da Acusação significa, no fundo, o reexame do material probatório em grau de revisão recursal não ordinária (terceiro grau). Essa pretensão não se apoia na ciência jurídica e contraria o entendimento sumulado dos Tribunais Superiores.

10. Síntese da consulta

O resumo das razões que fundamentam o nosso parecer diante dos fatos apresentados e da ciência penal pode ser apresentado na seguinte forma:

> 1º quesito. É cientificamente correta a desclassificação da imputação jurídica da figura do dolo eventual para a da culpa consciente feita pelo Tribunal de Justiça do Estado do Rio Grande do Sul (TJRS), no acórdão fruto dos Embargos Infringentes n. 70075120428[39], diante das

---

[39] TJRS, Embargos Infringentes e de Nulidade n. 70075120428, 1º GC, Rel. Des. Victor Luiz Barcellos Lima, julg. em 01/12/2017, DJe 22/01/2018.

condutas imputadas na denúncia e do conjunto probatório reunido na instrução processual?

Sim, é correta a decisão de desclassificação determinada pelo e. TJRS. Pontuam-se as seguintes razões: (**a**) as diversas teorias científicas do dolo eventual apontam para a inexistência de dolo eventual no caso analisado; (**b**) os argumentos acusatórios são insuficientes para a prova da alegada aceitação do perigo do resultado, servindo, no máximo, como indicativo do conhecimento do risco não aceito próximo à culpa consciente; (**c**) a natureza dos fatos, as repercussões pessoais e patrimoniais da catástrofe, indicam a inexistência de previsão e, menos ainda, de aceitação do resultado pelos acusados, já que as **circunstâncias fáticas desenhadas não são demonstrativas de agir doloso mesmo diante dos elementos elencados para essa imputação.** No caso, o aludido "homicídio qualificado" por "motivo torpe" em razão da "revelação de total indiferença e desprezo pela vida e pela segurança dos frequentadores" do centro da tragédia, sequer seria possível, pois seria o mesmo que os acusados aceitarem a colocação da vida pessoal, de amigos e familiares e do patrimônio em perigo. Particularmente para o consulente ELISSANDRO SPOHR, a eventual responsabilização por dolo eventual **significaria dizer que anuiu em sua própria morte e da sua esposa "grávida"**, que também estava no local. E, por fim, (**d**) a rejeição da imputação por dolo eventual em caso semelhante de incêndio referido na jurisprudência e na ciência jurídica comparada.

2º quesito. Os Recursos aos Tribunais Superiores possuem cabimento e adequação (elementos do juízo de admissibilidade) para a revisão do conjunto probatório necessário para a redefinição do elemento subjetivo geral do tipo?

Não, os Recursos aos Tribunais Superiores possuem natureza e finalidade próprias que impedem o reexame total do conjunto probatório necessário para alterar a imputação do *tipo penal subjetivo*. Isso ocorre sinteticamente pelas seguintes razões: (**a**) a necessidade de verificação empírica dos elementos subjetivos do tipo penal, incapaz de pura análise lógico-jurídica, (**b**) a inadequação e o não cabimento recursal para a revisão total do conjunto probatório, impossibilitando nova classificação jurídica do tipo com base no profundo exame probatório e (**c**) a eficácia do âmbito de cobertura das súmulas n. 7, do **STJ** e n. 279, do **STF**, bem como a jurisprudência corrente nos Tribunais Superiores.

Esse é o nosso parecer.

Porto Alegre, 18 de março de 2019.

Professor Doutor Alexandre Wunderlich
Doutor em Direito pela Pontifícia Universidade Católica do Rio Grande do Sul
e Professor de Direito Penal na Escola de Direito da Pontifícia Universidade
Católica do Rio Grande do Sul.

Professor Doutor Marcelo Almeida Ruivo
Doutor em Ciência Jurídico-Criminais pela Faculdade de Direito da
Universidade de Coimbra, Professor do Programa de Doutorado em Ciências
Criminais da Pontifícia Universidade Católica do Rio Grande do Sul,
Visiting Professor nas Faculdades de Direito das Universidades
de Turim e de Ferrara.

Parecer

DOLO EVENTUAL E MEDIDA DA CULPABILIDADE

Conteúdo judicialmente valorado e limites da aplicação da pena no caso da Boate Kiss

Consulente
Jader Marques

Parecerista
Salo de Carvalho

Sumário: **I.** Consulta; **II.** Parecer; **1.** Introdução; **2.** Dolo Eventual e Aplicação da Pena: parâmetros legais e dogmáticos; **(a)** É possível valorar dolo na pena-base?; **(b)** O que se deve valorar a título de culpabilidade normativa?; **(c)** No caso concreto, o que poderia e deveria ter sido valorado na culpabilidade? É possível ignorar o conjunto probatório?; **(d)** Se possível valorar dolo na culpabilidade, quais os elementos a serem valorados? Sobre a exclusão do elemento volitivo ("dolo sem vontade") para justificar maior reprovabilidade ao dolo eventual; **(e)** É razoável e lógico, em um sistema diferenciador, impor ao dolo eventual carga punitiva superior àquela atribuível ao dolo direto?; **3.** Valoração dos motivos e das circunstâncias (em sentido estrito): é possível ignorar as decisões do TJRS e do STJ?; **4.** Comportamento das vítimas: *bis in idem* e fundamentação deficiente; **5.** Cálculo da pena-base: inobservância do critério do "termo médio" e desproporcionalidade na graduação das circunstâncias; **6.** Pena provisória: confissão (atenuante nominada); dolo eventual e "falha estatal em proteger os custodiados e assegurar a segurança do local" (precedente) (atenuantes inominadas); **(a)** Confissão; **(b)** Dolo eventual e corresponsabilidade do Estado: atenuantes inominadas (art. 66 do Código Penal); **7.** Respostas aos quesitos.

I. Consulta

O advogado Dr. Jader Marques formula consulta sobre a *dosimetria da pena* nos *crimes de homicídio* (consumados e tentados) em razão de sentença penal imposta ao seu constituinte, Sr. Elissandro Callegaro Spohr, no processo criminal nº 027/2.13.0000696-7, que tramitou na 1ª Vara Criminal de Santa Maria, posteriormente desaforado para Porto Alegre. O caso ganhou notoriedade em razão do número de pessoas que perderam a vida no incêndio na Boate Kiss, em 27 de janeiro de 2013.

No julgamento ocorrido na capital do Estado, após a condenação pelo Conselho de Sentença, o magistrado fixou pena de 22 (vinte e dois) anos e 06 (seis) meses de reclusão ao réu, decorrente da imputação de 242 homicídios simples consumados (art. 121, *caput*, Código Penal) e, no mínimo, 636 homicídios simples tentados (art. 121, *caput* c/c art. 14, Código Penal), todos na forma dos arts. 29, *caput*, e 70, primeira parte, do Código Penal.

Embora o réu tivesse sido denunciado e pronunciado por homicídios consumados e tentados qualificados pelo "meio cruel" (emprego de fogo e a produção de asfixia nas vítimas) e pelo "motivo torpe" (ganância: economia na espuma adequada para revestimento acústico; falta de investimento em segurança contra fogo; e lucro com a superlotação do estabelecimento), o 1º Grupo Criminal do Tribunal de Justiça do Rio Grande do Sul (Embargos Infringentes nº 70075120428 (CNJ nº 0276157-30.2017.8.21.7000) e, posteriormente, a 6ª Turma do Superior Tribunal de Justiça (Recurso Especial nº 1.790.039/RS (2018/0345779-2) afastaram a incidência do § 2º do art. 121 do Código Penal.

Indaga o consulente sobre (*primeiro*) a **validade dos critérios de análise das circunstâncias de aplicação da pena-base** (*culpabilidade, motivos, circunstâncias* e *comportamento das vítimas*); (*segundo*) a **não observância de circunstâncias atenuantes**; e (*terceiro*) a **razoabilidade da quantidade (cálculo) de pena privativa de liberdade aplicada.**

Ao delimitar o tema e o objeto da consulta, apresenta os seguintes quesitos:

> 1. A valoração do conteúdo das circunstâncias judiciais do art. 59 (pena-base) segue os parâmetros dogmáticos e as diretrizes legais e constitucionais de fundamentação e proibição da dupla valoração (*ne bis in idem*)?
>
> 2. O cálculo da pena-base respeita as diretrizes jurisprudenciais consolidadas, sobretudo as fixadas pelo TJRS, e observa o princípio da proibição de excesso?
>
> 3. Da análise dos autos, é possível verificar a incidência de circunstâncias atenuantes não valoradas na sentença?
>
> 4. Os fundamentos da tese do erro de proibição apresentados em plenário podem ser valorados na dosimetria da pena?

Examinadas as questões e os documentos (peças processuais) que acompanham a consulta, encaminho o estudo do caso, especialmente em relação à validade dos critérios qualitativos e quantitativos de fixação das referidas penas.

Destaco, ainda, que em razão da relevância da matéria e dos efeitos da decisão condenatória, mas sobretudo em decorrência das *condições econômicas enfrentadas pelo acusado e pela sua família* – o réu encontra-se preso e, mesmo antes disso, por força do processo, não desempenhou qualquer atividade profissional desde o incêndio –, realizo o presente estudo *pro bono*.

Sublinho, também, que o objetivo do parecer é o de apresentar um panorama dos critérios de aplicação da pena no Brasil, ou seja, das posições que preponderam na doutrina e na jurisprudência, independente da minha posição sobre o tema. Discordo teoricamente de algumas construções que se tornaram entendimento majoritário, mas, *diferente de uma pesquisa acadêmica*, o central nesta análise é **verificar a adequação da decisão aos parâmetros constitucionais, legais e dogmáticos (doutrina e jurisprudência consolidadas)**.

Agradeço à equipe do escritório *"Davi Tangerino e Salo de Carvalho Advogados"*, em especial às advogadas Lilian Reolon, Shaiane Tassi e Amanda Guimarães, aos advogados Breno Zanotelli e Pedro Caús, e à estagiária Juliana Jesus pelo apoio na pesquisa jurisprudencial e na análise do amplo acervo probatório.

Passo, pois, ao parecer.

II. Parecer

"O direito penal moderno está moldado segundo princípios liberais, elaborados, lenta e penosamente, através dos séculos. E, até hoje, não se conseguiu encontrar algo melhor para substituí-los. *Tentativas e experiências neste sentido têm sido desastrosas*." [Min. Francisco de Assis Toledo, coordenador da comissão de reforma do Código Penal de 1984 (grifei)]

1. Introdução

1.1. A consulta realizada objetiva, de forma geral, verificar a adequação dos critérios de determinação da pena apresentados na sentença condenatória do "caso da Boate Kiss". O julgamento, ao longo do mês de dezembro de 2021, ganhou a opinião pública nacional, não apenas em razão do impacto do incidente, mas também pelo fato de ter sido transmitido ao vivo pelo Tribunal de Justiça do Rio Grande do Sul (TJRS).

A ampla divulgação pelos meios de comunicação proporcionou que algumas categorias dogmáticas como "dolo eventual" e "culpa consciente" fossem discutidas pelo público leigo, para além do debate nos canais próprios da área do Direito. Entendo, inclusive, que esta popularização da linguagem jurídica é importante, sobretudo nos julgamentos pelo Tribunal do Júri, onde o mérito é de responsabilidade de jurados sem formação técnica.

O Superior Tribunal de Justiça (STJ), revisando em parte a decisão do Tribunal gaúcho, entendeu por delegar o juízo sobre a imputação (homicídio doloso ou culposo) ao Conselho de Sentença. Embora questionável a opção da Corte, coube aos juízes leigos determinar a tipicidade dolosa ou culposa dos homicídios consumados e tentados e, em consequência, os seus efeitos – leia-se, os limites mínimos e máximos de pena a serem fixados pelo juiz togado em caso de condenação: 01 (um) a 3 (três) ou 6 (seis) a 20 (vinte) anos.

Com o perdão da obviedade, é fundamental ter sempre presente que a opção dos jurados pelo dolo, na modalidade do dolo eventual, por si só operou um expressivo aumento da carga punitiva: aumento de 06 (seis) vezes a pena mínima (de 1 para 6) e de mais de 06 (seis) vezes a pena máxima (de 3 para 20). Esse – e não outro – o pano de fundo que deve emoldurar o debate: a exclusão da negligência produziu substancial elevação da pena, alterando radicalmente a situação jurídica dos réus, não apenas no valor punitivo final (quantidade), mas também nas dimensões qualitativas da sanção penal (espécie e regime).

Inicio pelo óbvio porque é a *(re)valoração do dolo (eventual) pelo julgador togado a coluna vertebral da aplicação da pena no caso*. O magistrado, ao determinar a pena após a decisão do Conselho de Sentença, estrutura o seu raciocínio *(primeiro)* para justificar a possibilidade de inserir o dolo (eventual) como conteúdo da circunstância judicial culpabilidade do art. 59, *caput*, do Código Penal; e *(segundo)* para argumentar que a excepcionalidade do dolo eventual implica, no caso, responsabilização mais elevada do que aquela que seria compatível com o dolo direto. As demais variáveis são relevantes, em especial pelo impacto final na sanção, mas os equívocos relacionados à carência de motivação, ao *bis in idem* e ao excesso são mais evidentes neste tema.

Assim, o núcleo do debate proposto pode ser expresso em forma de indagação: *é possível o juiz ignorar os parâmetros legais* (lei penal) e *dogmáticos* (ciência penal) *para justificar a valoração do dolo eventual na dosimetria da pena-base?* O questionamento se justifica não apenas em razão do peso imposto à circunstância no cálculo da primeira etapa, mas, sobretudo, pela **explícita refutação que o julgador faz das diretrizes normativas e técnicas vigentes**, tudo em nome da adesão a um modelo doutrinário no qual o ser humano deixa de ocupar o centro de referência da ordem jurídica e é substituído pelas "expectativas normativas da comunidade" e pela "confiança no sistema de Justiça".[1]

Os excessos que serão indicados, não somente (mas sobretudo) decorrentes da valoração do dolo eventual na culpabilidade, resultam desta *funcionalização* das categorias jurídico-penais; da instrumentalização do Direito Penal para finalidades político-criminais abstratas, indemonstráveis e incompatíveis com os parâmetros constitucionais (como "evitar frustrações sociais" e "preservar a confiança nas instituições"). Argumentos que, historicamente, serviram como álibis político-ideológicos para reduzir o sujeito (réu) a um mero objeto de intervenção punitiva, incapacitar os mecanismos de garantia e controle do arbítrio, e enfraquecer os direitos fundamentais da pessoa humana.

1.2. O problema, logicamente, não é o magistrado aderir a uma ou outra corrente filosófica ou doutrinária, algo inerente a qualquer campo científico e muito comum nas ciências criminais. A questão toma dimensões preocupantes quando determinadas filiações dogmáticas servem como escusas retóricas e/ou ideológicas, conscientes ou inconscientes, para burlar o Direito positivado e impor cargas punitivas excessivas às pessoas submetidas a julgamento.

Apresento, no parecer, brevíssima revisão do estado da arte da teoria do delito, mais especificamente das distintas posições sobre a culpabilidade e as variações dogmáticas sobre o dolo. O objetivo não é simplesmente o de invalidar modelos que, desde o meu ponto de vista, confrontam com os direitos fundamentais. De igual forma, não se está, direta ou indiretamente, sustentando que o desenvolvimento técnico-científico não possa ser incorporado pela jurisprudência, o que representaria a obstrução de novas ideias sobre os fundamentos e as funções do Direito Penal.

Todo avanço normativo é precedido de necessárias tensões dogmáticas.

O problema surge quando perspectivas aparentemente inovadoras, em julgamentos específicos de pessoas concretas de carne e osso, operam como falácias argumentativas para a suspensão da legalidade, parâmetro primeiro da interpretação jurídico-penal, e para a anu-

---

[1] "O Direito, e sobretudo o Direito Penal, não há de voltar os olhos apenas àquele que delinquiu, senão que lhe cabe a finalidade de ajustar as expectativas normativas da comunidade, evitando frustrações e descréditos que afetam a confiança no sistema de Justiça." (TJRS, 1° Juizado da 1ª Vara do Júri de Porto Alegre, Processo n° 001/2.20.0047171-0, Sentença, fl. 04)

lação da pessoa humana, limite (de intervenção) e objeto (de tutela) da ordem constitucional.

Ademais, o que procuro evidenciar é que o resultado (pena aplicada) obtido pelas aparentes "inovações dogmáticas" realizadas é altamente temerário porque (*primeiro*) desrespeita a legalidade; e (*segundo*) ignora critérios fixados pela doutrina e pela jurisprudência, sobretudo entendimentos históricos e consolidados pelo TJRS.

2. Dolo Eventual e Aplicação da Pena: parâmetros legais e dogmáticos

(a) É possível valorar dolo na pena-base?

2.1. Antes de ingressar na forma como o dolo eventual foi dimensionado na sentença ("dolo sem vontade"; "dolo eventual intenso"), é necessária uma discussão preliminar acerca da própria possibilidade de valoração dos elementos subjetivos do tipo na circunstância judicial culpabilidade. A questão que condiciona a conclusão sobre a "intensidade do dolo eventual" é tratada de forma bastante breve na sentença:

> "(...) na doutrina brasileira, tem-se produzido o equivocado alvitre segundo o qual, se está a culpabilidade alijada de elementos de ordem subjetiva, transportados ao tipo penal como consectário da abordagem finalista, a sua avaliação, isto é, a avaliação da culpabilidade no ensejo da fixação da pena, afigurar-se-á meramente cosmética.
>
> E não é inusual, deveras, que, em algumas decisões, no momento de estabelecimento das sanções e apreciação acerca das diretrizes do artigo 59 do Código Penal, leiamos, quando se vai tratar da culpabilidade, meramente a fórmula de que o agente era imputável, tinha consciência da ilicitude e poderia comportar-se de outra maneira.
>
> O que se pretende demonstrar agora é que, ao contrário disso, no conceito de culpabilidade tendente à fixação da pena incluem-se elementos de ordem subjetiva, os quais, numa linguagem simplificada, e observada a dinâmica do presente caso concreto, poderíamos tomar como a avaliação acerca da intensidade do dolo, desimportando, para o efeito – o que também será exposto –, se se está a falar de dolo direto ou de dolo eventual".[2]

---

[2] TJRS, 1º Juizado da 1ª Vara do Júri de Porto Alegre, Processo nº 001/2.20.0047171-0, Sentença, fl. 04.

Os problemas de ordem técnica são vários no argumento apresentado: (*primeiro*) o sistema proposto na Reforma do Código não secundariza a culpabilidade, tornando-a "meramente cosmética" (pelo contrário); (*segundo*) a enunciação dos elementos da culpabilidade normativa (imputabilidade, consciência da ilicitude e exigibilidade de conduta) nunca eximiu o julgador da análise do seu conteúdo – o vício da falta de fundamentação na experiência judicial não pode ser tomado como regra ou motivo para desconsiderar os critérios legais; e (*terceiro*) o Código reformado substitui as circunstâncias judiciais "intensidade do dolo e grau de culpa", elementos da culpabilidade psicológica (sistema causal e neoclássico), pela categoria "culpabilidade", impondo consequências que devem ser observadas.

Para compreender o sistema de aplicação da pena adotado pelo Código Penal brasileiro, é fundamental, antes de tudo, ter presentes as orientações dos autores da reforma. Lógico que, desde 1984, inúmeras inovações foram incorporadas à metodologia original, sobretudo em razão do impacto do texto constitucional em 1988. Todavia, os seus princípios cardeais, devidamente filtrados e harmonizados à Constituição – veja-se, por exemplo, os limites impostos aos antecedentes criminais e a revisão das circunstâncias personalidade do réu e conduta social a partir da afirmação do Direito Penal do fato e dos seus princípios sustentadores (secularização, intimidade e presunção de inocência) –, mantêm-se como inevitáveis pontos de partida da atividade jurisdicional.

Nessa perspectiva, imprescindível conhecer minimamente o sistema e a sua construção, inclusive para que as críticas que lhe possam ser dirigidas façam sentido – sob pena de se problematizar algo distinto daquilo que se pretende objetar ou de se reduzir a crítica apenas àquilo que o crítico gostaria que fosse o objeto criticado.

2.2. A Comissão para elaborar o anteprojeto de reforma do Código Penal foi instaurada pela Portaria 1.034, de 27/11/1980, do Ministério da Justiça, e era composta pelos seguintes juristas: Francisco de Assis Toledo (presidente), Francisco Serrano Neves, Rogério Lauria Tucci, Hélio Fonseca, Ricardo Antunes Andreucci, Miguel Reale Júnior e René Ariel Dotti. Posteriormente, a revisão do texto coube à nova comissão, integrada por Francisco de Assis Toledo (presidente), Dínio de Santis Garcia, Jair Leonardo Lopes e Miguel Reale Júnior, nomeada pela Portaria 371, de 24 de junho de 1981, Ministério da Justiça. No ponto que nos interessa (sistema de penas), Nilo Batista, sempre crítico aos desvios dogmáticos impostos pela contingência político-criminal, conclui que "o sistema de penas foi objeto de primorosa reforma", "que enaltece a criatividade, a erudição e a sensibilidade dos juristas que colaboraram na reforma (...)".[3]

Vejamos, portanto, como os reformadores moldaram o sistema de aplicação das penas e qual o papel e o conteúdo atribuído à culpabilidade na nova configuração.[4]

A redação original da parte geral do Código Penal (Decreto-Lei 2.848/40), inspirada pelo causalismo e pela teoria psicológica da culpabilidade, ao tratar da determinação da pena no art. 42 (atual art. 59), referia que "compete ao juiz, atendendo aos antecedentes e à personalidade do agente, à <u>intensidade do dolo ou grau da culpa</u>, aos motivos, às circunstâncias e consequências do crime: I – determinar a pena aplicável, dentre as cominadas alternativamente; II – fixar, dentro dos limites legais, a quantidade da pena aplicável." (grifei)

A presença de dolo e culpa *stricto sensu* no *caput* do art. 42 se justificava em razão da sua posição no sistema da teoria do delito. No modelo causal, a conduta se vinculava ao resultado em duas dimensões: causalidade material (objetiva); causalidade psíquica (subjetiva) – "culpabilidade é uma ligação de natureza anímica, psíquica, entre o agente e o fato criminoso".[5] A possibilidade de medição do dolo (intensidade) e da culpa (grau) decorre diretamente dessa opção metodológica, pois ambos (dolo e culpa) são considerados expressões psicológicas da culpabilidade. Nos extremos: dolo direto, forma mais grave de culpabilidade; e culpa inconsciente, forma mais branda que pode chegar às fronteiras do caso fortuito.[6] Entre os opostos, "as formas intermediárias do dolo eventual (dolo sem vontade e culpa com representação) manifestam, em função do motivo, um defeito, embora menor, quer do sentimento moral, quer da inteligência, segundo se tenha previsto como provável ou não o evento e se verifique este como esperado ou não. (...) Na aplicação da pena, porém, o juiz atenderá à *intensidade* da atuação da vontade e da consciência".[7]

---

[3] ZAFFARONI, Eugenio Raúl; BATISTA, Nilo. *Direito Penal Brasileiro*. v. 1. Rio de Janeiro: Revan, 2003, p. 483.

[4] Parte da discussão aqui proposta foi realizada em CARVALHO, Salo. *Penas e Medidas de Segurança no Direito Penal Brasileiro*. 3. ed. São Paulo: Saraiva, 2020, pp. 384-386.

[5] TOLEDO, Francisco de Assis. *Princípios Básicos de Direito Penal*. 5. ed. São Paulo: Saraiva, 2015, p. 219.

[6] HUNGRIA, Nelson. *Comentários ao Código Penal*. v. 1, t. 2. 5. ed. Rio de Janeiro: Forense, 1978, p. 114; HUNGRIA, Nelson. *Comentários ao Código Penal*. v. 2. 2. ed. Rio de Janeiro: Forense, 1958, p. 227.

[7] Idem, p. 229 (grifei).

A conversão da culpabilidade em juízo de censura (reprovabilidade)[8] e a compreensão da conduta como atividade ontologicamente final determinam uma mudança, em nada "cosmética", na localização dos componentes subjetivos. Se a conduta é por natureza direcionada (Welzel),[9] lhe é inseparável o seu elemento direcional (dolo), "sob pena de fraturar a realidade".[10]

Neste cenário, "como os finalistas observaram, com toda a razão, as ações dos tipos de crimes dolosos não podem ser compreendidas sem que se considere a direção da vontade que as conduz e anima. O tipo subjetivo dos crimes dolosos compõe-se do dolo e, eventualmente, de outros elementos subjetivos de que depende a ilicitude",[11] leciona Fragoso.

A culpabilidade pressupõe a imputabilidade e se caracteriza como juízo de reprovação pela prática do injusto típico. Ilógico, portanto, um dos elementos a ser valorado (dolo) integrar o juízo de valoração (culpabilidade), o que redundaria, em outras palavras, em confundir a valoração do objeto com o objeto de valoração. Na imputação subjetiva, o dolo, como *consciência* e *vontade* de realizar os

---

[8] Entendo importante destacar que, particularmente, discordo da compreensão da culpabilidade como juízo de censura ou reprovabilidade, tema ao qual dediquei espaço significativo nas minhas pesquisas acadêmicas (neste sentido, especialmente CARVALHO, Salo. *Penas e Medidas de Segurança no Direito Penal Brasileiro*. 3. ed. São Paulo: Saraiva, 2020, pp. 169-266).
Todavia, reitero que, diferente de uma investigação teórica, o objetivo do parecer é o de apresentar um panorama geral dos critérios de aplicação da pena no Brasil, sendo possível antecipar que a ideia de culpabilidade como juízo de censura e reprovabilidade, com algumas variações, prepondera na doutrina e na jurisprudência.

[9] WELZEL, Hans. *El Nuevo Sistema de Derecho Penal*: una introducción a la doctrina de la acción finalista. Buenos Aires: BdF, 2004, pp. 42-47. Welzel reproduz, ao narrar as etapas da ação humana, a descrição fenomenológica da conduta de Hartmann, embora negue explicitamente a influência e aponte como referência Hönigswald (WELZEL, Hans. *El Nuevo Sistema de Derecho Penal*: una introducción a la doctrina de la acción finalista. Buenos Aires: BdF, 2004, p. 28). Sobre as etapas da conduta final no modelo de Hartmann, conferir Adeodato, João Maurício. *Filosofia do Direito*: uma crítica à verdade na ética e na ciência (através de um exame da ontologia de Nicolai Hartmann). São Paulo: Saraiva, 1996, pp. 149-150.

[10] "Welzel está, em princípio, de acordo com todos esses elementos, mas os considera muito mal distribuídos na estrutura do crime. Não compreende o ilustre penalista como se pôde situar o dolo dentro do juízo de culpabilidade e, com isso, deixar a ação humana sem o seu elemento característico, fundamental, a intencionalidade, isto é, o seu finalismo. Isso vai contra a estrutura ontológica da ação, pois esta, como se sabe, não pode ser desligada de seu finalismo direcional, sob pena de se fraturar a realidade. Toda ação humana é essencialmente finalista, é dirigida a um fim. Esse finalismo, o elemento intencional, inseparável da ação, é o seu elemento direcional, é, em resumo, o dolo." (TOLEDO, Francisco de Assis. *Princípios Básicos de Direito Penal*. 5. ed. São Paulo: Saraiva, 2015, p. 226)

[11] FRAGOSO, Heleno. Comentários Adicionais. In: HUNGRIA, Nelson. *Comentários ao Código Penal*. v. 1, t. 2. 5. ed. Rio de Janeiro: Forense, 1978, p. 542.

elementos objetivos do tipo penal,[12] é um dado psicológico-descritivo verificado (ou reconhecido) para afirmar ou negar a tipicidade da conduta. Se no modelo causal era possível *graduar* o dolo (intensidade), com o finalismo, a culpabilidade será eminentemente um *juízo de censura*. E, mesmo no modelo anterior, parece não ser correto se falar em um "dolo eventual intenso", nos termos da decisão sob análise.

Nota-se, pois, que a redação original do art. 42, *caput*, do Código Penal, obedece a uma estrutura metodológica que reflete o estado da arte da época: teoria causal da ação, teoria psicológica ou psicológico-normativa da culpabilidade.

2.3. A reforma de 84 opera um giro paradigmático ao incorporar, na nova parte geral, premissas finalistas. Não por outra razão, na nova sistemática de aplicação da pena (art. 59, *caput*), os termos *intensidade do dolo* e *grau de culpa* são substituídos pela categoria (normativizada) *culpabilidade*. A opção fica evidenciada na Exposição de Motivos da Lei 7.209/84 (nova parte geral): "as diretrizes para a fixação da pena estão relacionadas no art. 59, segundo o critério da legislação em vigor, tecnicamente aprimorado e necessariamente adaptado ao novo elenco de penas. *Preferiu o projeto a expressão 'culpabilidade' em lugar de 'intensidade do dolo ou grau de culpa', visto que graduável é a censura, cujo índice, maior ou menor, incide na quantidade de pena*".[13] Em outros termos: o *dolo* e a *culpabilidade*, como categorias do delito, são reconhecidos (ou não) para confirmar a existência do crime (dimensão qualitativa); em caso positivo (verificado o injusto culpável), a *culpabilidade* individualiza a pena (dimensão quantitativa).

A reorientação do sistema e os seus efeitos necessários são explicados pelo Min. Toledo:

"(...) em um sistema como o nosso, marcado por tipos dolosos e por tipos culposos, o que distingue os primeiros dos segundos é a presença

---

[12] Ensina Juarez Tavares que embora o conceito de dolo, como "consciência e vontade de realizar os elementos objetivos do tipo", seja derivado do finalismo e perdure até hoje e que seja uma definição ainda válida, seria incompleto, pois reduzido a uma relação meramente instrumental. Assim, "o dolo deve compreender todos os elementos que lhe dão suporte, precisamente em face da lesão ou perigo concreto de lesão do bem jurídico. Neste sentido, o dolo será a consciência e vontade de realizar os elementos objetivos do tipo, tendo como objetivo final a lesão ou o perigo concreto de lesão do bem jurídico." (TAVARES, Juarez. *Fundamentos de Teoria do Delito*. Florianópolis: Tirant lo Blanch, 2018, p. 249).

O autor igualmente questiona a doutrina tradicional que vê o procedimento de imputação subjetiva apenas como afirmação da vinculação subjetiva da conduta ao bem jurídico. Propõe, de forma coerente ao modelo crítico, que a relação dialética entre conduta e afetação do bem jurídico deve ser efetuada sob aspecto negativo (Idem, p. 248).

[13] Código Penal, Exposição de Motivos da Nova Parte Geral, § 50 (grifei).

do dolo nos tipos dolosos e da negligência, imprudência ou imperícia nos tipos culposos, já que são esses os únicos elementos internos ao tipo que lhe dão essa especial fisionomia. Os que ainda teimam em situar o dolo e a culpa stricto sensu na culpabilidade não podem, por dever de coerência, falar em tipos dolosos e em tipos culposos, mas apenas em 'tipos', que não seriam tipos legais de crime, mas tipos vazios (...)".[14]

Toledo, com base no Código de Processo Penal vigente na época, refere que deixar o exame do dolo e da culpa para a culpabilidade implicaria, no plano processual, que o reconhecimento da inexistência de um crime culposo, por ausência de previsão legal, só poderia ser proclamado pelo juiz na resolução de mérito (absolvição do réu). Segundo esses critérios, uma denúncia que descrevesse um *furto culposo* deveria ser recebida, e o caso, processado. Ocorre que, em termos lógicos, é o juízo de (a)tipicidade que impõe a rejeição da acusação (decisão correta) – "não fora assim, ter-se-ia que admitir o monstro de uma ação penal por fato culposo, não previsto em lei como crime, para, após cumprido extenso e penoso ritual, só então, absolver-se o réu por ausência da culpabilidade... Sem mais comentários".[15] Na atualidade, o problema é resolvido pela rejeição (art. 395, Código de Processo Penal) ou pela absolvição sumária (art. 397, III, Código de Processo Penal), nos termos da Lei 11.719/08. Mas a impropriedade apontada pelo autor nos dá uma dimensão dos equívocos causalistas na prática judicial.

A orientação imposta na reforma é, segundo Toledo, confirmada no parágrafo único do art. 18 do Código Penal: "(...) 'salvo os casos expressos em lei' (= salvo previsão legal de um tipo culposo), todos os tipos legais de crime são dolosos (= contêm o dolo)".[16]

As mudanças realizadas na teoria do delito impactam necessariamente os critérios de aplicação da pena. Significa dizer, no caso em exame, que não se pode simplesmente ignorar a arquitetura legal em nome de posições pessoais ou preferências doutrinárias ou convicções ideológicas. Em Direito Penal, a referência primeira é a legalidade, barreira de intervenção punitiva, o que significa, na aplicação judicial do Direito, *limite interpretativo*.

Parece evidente que, se houve a exclusão da expressão *"intensidade do dolo ou grau de culpa"* dos critérios de aplicação da pena, não

---

[14] TOLEDO, Francisco de Assis. *Princípios Básicos de Direito Penal*. 5. ed. São Paulo: Saraiva, 2015, p. 154 (grifei).

[15] Idem, p. 155.

[16] Ibidem.

é lícito ao julgador analisar a "intensidade do dolo (eventual)" – com perdão pela redundância. O que não significa, conforme erroneamente sustenta o magistrado, que o deslocamento dos elementos subjetivos ao tipo penal tenha "esvaziado a culpabilidade", que passaria a figurar de forma "meramente cosmética". Inclusive porque, no modelo proposto em 1984, a **culpabilidade passou a ser o elemento central da determinação da pena**. Não nos termos em que o julgador gostaria e muito menos como aplicou no caso, quando ressuscitou a estrutura psicológica da teoria causal a partir de uma retórica funcionalista, criando um sincretismo teórico de difícil sustentação.

As diretrizes sobre a função e o conteúdo da culpabilidade na aplicação da pena estão explicitadas na Exposição de Motivos da reforma e, sobretudo, nos textos explicativos produzidos pelos seus autores. E a questão, repita-se, não é a de concordar com os parâmetros doutrinários ou deles discordar – atividade própria e exigível de uma *academia* séria –, mas respeitar minimamente os comandos legais e constitucionais.

Reale Júnior/Dotti/Andreucci/Pitombo, ao explicar o sistema de penas no Novo Código, referem que "a culpabilidade, como **critério básico e principal na fixação da pena**, vem mencionada em primeiro lugar".[17] Toledo reitera que "com a reforma em exame, **não se admitirá a aplicação da pena sem que se verifique a culpabilidade** do agente por fato doloso ou pelo menos por fato culposo".[18] Dotti ensina que "a culpabilidade é a **primeira e mais importante** das circunstâncias judiciais".[19] Reale reproduz a orientação da Comissão: "a culpabilidade, como **critério básico e principal na fixação da pena**, vem mencionada em primeiro lugar".[20]

2.4. Marcada a centralidade da culpabilidade dentre as circunstâncias judiciais do art. 59, *caput*, do Código Penal, retomo a questão sobre a valoração da intensidade do dolo e do grau da culpa. Desde sua perspectiva *normativa*, a imputabilidade é o pressuposto da culpabilidade, cujos elementos constituintes são a (potencial) *consciência*

---

[17] REALE JÚNIOR, Miguel; DOTTI, René Ariel; ANDREUCCI, Ricardo Antunes; PITOMBO, Sergio de Morais. *Penas e Medidas de Segurança no Novo Código*. Rio de Janeiro: Forense, 1985, p. 160 (grifei).

[18] TOLEDO, Francisco de Assis. *Princípios Básicos de Direito Penal*. 5. ed. São Paulo: Saraiva, 2015, p. 71 (grifei).

[19] DOTTI, René Ariel. *Curso de Direito Penal*: parte geral. 7. ed. São Paulo: Revista dos Tribunais, 2020, p. 758 (grifei).

[20] REALE JÚNIOR, Miguel. *Instituições de Direito Penal*: parte geral. v. 2. Rio de Janeiro: Forense, 2003, p. 84 (grifei).

da ilicitude e a *exigibilidade de conduta diversa*. Em seu conjunto, operam em duas dimensões: (*primeira: qualitativa*) na confirmação da existência do crime (teoria do delito); e (*segunda: quantitativa*) na determinação da pena (teoria da pena).

Novamente com o perdão da obviedade, sublinho que não existem duas culpabilidades distintas, uma na configuração do delito e outra na aplicação da pena.[21] A categoria analítica, seu pressuposto e os seus componentes são os mesmos, alterando-se apenas o tipo de valoração. Na síntese de Tavares, após verificar, na dimensão qualitativa, como elemento do crime, a existência de um injusto praticado por sujeito culpável ("com capacidade de motivação"), o julgador passa à individualização da pena, em termos quantitativos, e valora o "grau" da culpabilidade de acordo com as características desse injusto.[22]

Nas palavras de Toledo, a síntese da configuração da culpabilidade no Direito Penal brasileiro:

"O resultado dessa tomada de posição aponta em duas direções com importantes consequências: a primeira delas revela a dupla função limitadora do princípio da culpabilidade: uma com poder de despenalização, ou seja, excluindo de pena os fatos típicos não censuráveis ao agente [teoria do delito]; outra, com renovado poder sobre a dosimetria da pena, estabelecendo que o limite máximo daquela não pode ultrapassar o grau de culpabilidade do agente [teoria da pena].

(...) A segunda direção, de maior importância, envolve-se com as três colunas de sustentação de um direito penal de ordem democrática, que nos referimos em outra ocasião, *in verbis*: 'na culpabilidade pelo fato é o fato que dará os concretos e definitivos limites para a atuação do Estado na esfera penal (...) O direito penal moderno está moldado segundo princípios liberais, elaborados, lenta e penosamente, através dos séculos. E, até hoje, não se conseguiu encontrar algo melhor para substituí-los. Tentativas e experiências neste sentido têm sido desastrosas. Dentro desse quadro, o *nullum crimen nulla poena sine lege*, o direito penal do fato e a culpabilidade do fato alinham-se imponentemente, numa perfeita sequência e implicação lógicas, como colunas de susten-

---

[21] "O termo *culpabilidade* que aparece no texto do art. 59 não é, portanto, *outra* culpabilidade senão a já reconhecida, que na parte dispositiva da sentença deve ser *graduada* para poder projetar a *quantidade de pena-base*. Não há, então, 'duas' culpabilidades, uma para legitimar a condenação (reprovação pelo fato) e a outra para militar a quantificação objetiva dessa reprovação (pena)." (BOSCHI, José Antônio Paganella. *Das Penas e seus Critérios de Aplicação*. 5. ed. Porto Alegre: Livraria do Advogado, 2011, p. 190).

[22] TAVARES, Juarez. Culpabilidade e Individualização da Pena. In: NASCIMENTO, André (org.). *Cem Anos de Reprovação*: uma contribuição transdisciplinar para a crise da culpabilidade. Rio de Janeiro: Revan, 2011, p. 151.

tação de um sistema indissoluvelmente ligado ao direito penal de índole democrática. Por isso merecem ser preservados'".[23]

No ponto, novamente necessário retomar os parâmetros expressos na reforma: "a *culpabilidade* é entendida em termos de *culpabilidade normativa*, ou seja, importante tanto no exame da reprovabilidade do ato como na do seu autor (...). A culpabilidade normativa, contudo, não se limita às hipóteses de 'reprovação' e 'não reprovação' [teoria do delito], pois se culpável a ação é imprescindível saber *em que medida merece censura, reprovação* [teoria da pena]".[24]

Alteradas as funções e o conteúdo da culpabilidade, é excluída a possibilidade de (re)apreciar dolo e culpa, elementos da tipicidade subjetiva, sob pena de violação da proibição da dupla incriminação (*bis in idem*). Assim como é vedada a reanálise dos elementos objetivos da tipicidade na aplicação da pena, igualmente o serão os da tipicidade subjetiva, pois igualmente constitutivos do delito. Aliás, esta é a regra geral indicada pelo Código Penal e que se expande para todo o sistema de dosimetria, não apenas para a pena provisória, como amplamente consolidado na dogmática nacional – "são circunstâncias que sempre agravam a pena, quando não constituem ou qualificam o crime" (art. 61, *caput*, Código Penal).

Apesar de relevantes os argumentos que *ainda* admitem a análise do dolo e da negligência na dosagem da pena – conforme será explorado na sequência –, a reforma tornou logicamente inviável sua apreciação como conteúdo da circunstância judicial culpabilidade. Peço vênia pelo número de citações, mas pela importância dada na sentença entendo ser justificável demonstrar como distintos autores, em diferentes épocas, compreenderam a matéria.

Mestieri, um dos primeiros autores a introduzir o debate sobre o finalismo na dogmática penal brasileira, a partir da análise dos tipos penais da parte especial do Código em 1970,[25] sustenta:

---

[23] TOLEDO, Francisco de Assis. *Princípios Básicos de Direito Penal*. 5. ed. São Paulo: Saraiva, 2015, p. 71 (grifei). De igual forma, TOLEDO, Francisco de Assis. Princípios Gerais do Novo Sistema Penal Brasileiro. In: GIACOMUZZI, Vladimir (org.). *O Direito Penal e o Novo Código Penal Brasileiro*. Porto Alegre: Fabris, 1985, pp. 16-17.

[24] REALE JÚNIOR, Miguel; DOTTI, René Ariel; ANDREUCCI, Ricardo Antunes; PITOMBO, Sergio de Morais. *Penas e Medidas de Segurança no Novo Código*. Rio de Janeiro: Forense, 1985, p. 160; REALE JÚNIOR, Miguel. *Instituições de Direito Penal*: parte geral. v. 2. Rio de Janeiro: Forense, 2003, p. 84 (grifei).

[25] "Seguiremos, no exame das várias figuras da Parte Especial, a orientação de examinar o dolo e a culpa juntamente com qualquer outra tendência subjetiva como característica do tipo e não como espécie ou formas de culpabilidade. Quanto à culpabilidade, seguiremos a teoria normativa *pura*, isto é, admitindo os elementos: (1) imputabilidade (podendo ser considerada um pressuposto, como quer Battaglini), (2) possibilidade de entender o caráter ilícito do fato; (3) exigibilidade

"Na redação anterior falava-se em 'intensidade do dolo e grau de culpa'. Hoje, substituiu-se a locução pela *vox* 'culpabilidade'. A razão de ser da mudança está em que as realidades do delito, dolo e culpa, além de serem características típicas e assim deverem ser valoradas, são insuficientemente abrangentes para a apreciação da individualização sobre a participação do protagonista da infração penal. Medir a culpabilidade significa aquilatar o grau maior ou menor de reprovabilidade, em consonância com a maior ou menor exigibilidade de conduta conforme a norma, de um autor concreto, no caso concreto".[26]

Luciano Anderson de Souza, professor de Direito Penal da Faculdade de Direito da Universidade de São Paulo (USP), percebe com nitidez o problema que persiste em certos Tribunais brasileiros:

"Na prática, lamentavelmente, observa-se que os julgados não lidam de maneira satisfatória com o conceito de culpabilidade do art. 59, atrelando-o, por conta da legislação anterior, a um velho ideário de 'intensidade do dolo' [Marques, sob a égide da Parte Geral de 1940, e. g., afirmava que 'examina o juiz, em primeiro lugar, a gravidade do crime praticado, ponderando sobre os elementos de conexão da culpabilidade (intensidade do dolo ou grau de culpa)'] ou de pautas calcadas em concepções aproximadas à culpabilidade pela condução de vida, de Mezger".[27]

Neste sentido também as lições de Paulo Queiroz, professor de Direito Penal da Universidade de Brasília (UnB), com especial destaque aos casos de homicídio:

"(...) há quem defenda que, para aferição da culpabilidade, há de ser considerada também a intensidade do dolo, apesar de este ter migrado para a tipicidade com o advento da teoria final da ação. Mas isso não parece correto, visto que, sendo o dolo requisito dos tipos dolosos, e, pois, pressuposto da própria condenação, considerá-lo para efeito de majorar ou atenuar a pena constitui *bis in idem*, até porque, frequentemente, a maior intensidade do dolo já figura como agravante genérica, causa de aumento de pena ou qualificadora, como no homicídio (CP, art. 121, § 2º), em que ela pode atender pelo nome de motivo fútil, torpe, meio cruel etc. O mesmo deve ser dito da sua menor intensidade, que

---

de comportamento conforme a norma" [MESTIERI, João. *Curso de Direito Criminal*: parte especial (crimes contra a vida). Rio de Janeiro: Alba, 1970, p. 18].

[26] MESTIERI, João. *Manual de Direito Penal*: parte geral. v. 1. Rio de Janeiro: Forense, 1999, p. 281.

[27] SOUZA, Luciano Anderson. Da Aplicação da Pena. In: REALE JÚNIOR, Miguel (coord.). *Código Penal Comentado*. São Paulo: Saraiva, 2017, p. 196 (grifei).

pode aparecer, no caso específico do homicídio, com a roupagem de motivo de relevante valor moral ou social e semelhantes".[28]

Ao evidenciar como alguns Tribunais ainda mantêm uma concepção superada de culpabilidade, Rodrigo Duque Estrada Roig conclui:

"A mensuração do dolo e da culpa para fins de aferição da culpabilidade também representa uma permanência da prática judicial tradicional, transcendendo a própria reforma legislativa. A quantificação do dolo e da culpa para efeito de aplicação da pena encontra-se afastada do ordenamento penal brasileiro desde a reforma da parte geral de 1984, que não mais se valeu de tais categorias (...). Prova dessa assertiva encontra-se na corriqueira alusão à magnitude do dolo ('dolo intenso') ou da culpa ('culpa grave') do agente, ainda que sejam elementos integradores da estrutura típica, portanto, já levados em conta pelo legislador no momento da cominação penal".[29]

Ruy Rosado de Aguiar Júnior, no texto de referência sobre o tema publicado pela Escola Superior da Magistratura do Rio Grande do Sul (Ajuris), amparando sua posição em julgados do STJ, é tão econômico quanto direto em sua conclusão: "[culpabilidade] não confundir com o dolo".[30]

Note-se que mesmo autores com orientações teóricas e político-criminais mais tradicionais, como Guilherme Nucci, igualmente consideram equivocada a repristinação do modelo causal:

"A culpabilidade, acertadamente, substitui as antigas expressões 'intensidade do dolo' e 'grau de culpa', previstas antes da Reforma Penal de 1984. Para compor o fato típico, na ótica finalista, verifica o magistrado se houve dolo ou culpa, pouco interessando se o dolo foi 'intenso' ou não, se a culpa foi 'grave' ou não. O elemento subjetivo [do tipo, acrescento], portanto, não deve servir para guiar o juiz na fixação da pena, pois, neste contexto, o importante é a reprovabilidade gerada pelo fato delituoso.

Ainda que prepondere o crime na visão causalista, onde se insere o dolo e a culpa na culpabilidade (e não no fato típico), devemos deixar de considerar o elemento subjetivo como fator para a graduação da pena".[31]

---

[28] QUEIROZ, Paulo. *Direito Penal*: parte geral. 12. ed. Salvador: Juspodivm, 2016, p. 468 (grifei).

[29] ROIG, Rodrigo Duque Estrada. *Aplicação da Pena*: limites, princípios e novos parâmetros. São Paulo: Saraiva, 2013, p. 142.

[30] AGUIAR JÚNIOR, Ruy Rosado. *Aplicação da Pena*. 5. ed. Porto Alegre: Livraria do Advogado/Ajuris, 2013, p. 69.

[31] NUCCI, Guilherme de Souza. *Manual de Direito Penal*. 11. ed. Rio de Janeiro: Forense, 2015, p. 427 (grifei). O autor entende que se o dolo e a culpa, como expressões da vontade, forem con-

Lembra, ainda, Paulo Queiroz, que a culpabilidade é analisada em todo o processo de individualização da pena, não apenas na pena-base, como seria possível verificar nas hipóteses de *participação de menor importância*, de <u>erro de proibição evitável</u> e de *semi-imputabilidade*[32] – acrescento, ainda, os casos de *menoridade relativa* (atenuante). As hipóteses elencadas constituem importantes indicativos para responder à seguinte formulação: *se incabível avaliar a intensidade do dolo e o grau de culpa, o que seria possível valorar a título de culpabilidade normativa na pena-base?*

Se *dolo* e *culpa* não integram a culpabilidade normativa, sua valoração redundaria, ainda, em uma ampliação ilegal das circunstâncias previstas no art. 59, *caput*, do Código Penal. Implicaria a criação de categorias autônomas *praeter legem*, hipótese vedada pelo princípio da legalidade, em sua dimensão taxatividade – situação que, em sentido inverso, se altera, visto a expressa previsão, no art. 66 do Código, das atenuantes inominadas.

(b) O que se deve valorar a título de *culpabilidade normativa*?

2.5. Estabelecidos os critérios negativos ("o juiz não pode valorar") para a culpabilidade na pena-base (*intensidade do dolo*),[33] cabe verificar quais manifestações da experiência humana seriam referências para dimensionar (medir) a *culpabilidade* (normativa).

Esse debate não pode se iniciar sem referir algo de fundamental importância: a culpabilidade, no art. 59, *caput*, foi construída como uma categoria ampla que deveria integrar as demais circunstâncias judiciais subjetivas. Assim, conglobaria os motivos do crime, os antecedentes, a conduta social e a personalidade do agente, dados que forneceriam ao julgador um índice de responsabilidade pessoal pelo injusto. Nas palavras de Reale Jr./Dotti/Andreucci/Pitombo:

"O agente é tanto mais culpado quanto tenha proporcionado pelo modo de vida, pelos padrões de comportamento, pela formação de sua perso-

---

siderados "desajustados", devem ser buscados nas manifestações da personalidade do agente, posição que considero equivocada – "o que se pretende sustentar ser 'dolo intenso' não passa de um fator ligado ao modo de ser e agir do autor da infração penal, logo, personalidade".

[32] QUEIROZ, Paulo. *Direito Penal*: parte geral.12. ed. Salvador: Juspodivm, 2016, p. 468.

[33] Em realidade, são inúmeros os elementos que não podem ser valorados, mas esse debate extrapola os limites do parecer. Sobre o tema, conferir CARVALHO, Salo. *Penas e Medidas de Segurança no Direito Penal Brasileiro*. 3. ed. São Paulo: Saraiva, 2020, pp. 384-388.

nalidade (na medida em que se sujeita à sua livre opção) a facilitação à prática do delito.

São, portanto, _especificações_ do termo genérico 'culpabilidade', as indicações dos critérios: antecedentes, conduta social, personalidade, motivos.

O agente será merecedor da maior reprovação se o fato praticado revelar-se consequência esperada dos seus antecedentes, de sua conduta social bem como de seu modo de ser, da sua escolha de valores e das tendências que preferiu desenvolver em detrimento de outras potencialidades positivas".[34]

Decorrência lógica do texto constitucional de 1988, foi agudizado o procedimento de filtragem e exclusão de resquícios de direito penal de autor presentes nas circunstâncias judiciais, sobretudo as subjetivas, desde a formulação original do Código, em 1940. Um dos esforços, ao longo da década de 1990, foi depurar categorias dúbias ou especificar termos abertos com capacidade de converter a culpabilidade de fato em culpabilidade de autor. Por estas razões, os Tribunais limitaram a extensão dos antecedentes (Súmula 444 do STJ, p. ex.) e, gradualmente, a doutrina e a jurisprudência passaram a questionar a forma judicial de interpretação de categorias como "personalidade do réu", em vários aspectos: da real capacidade de o juiz realizar sua análise; da necessidade de perícia técnica para dar suporte probatório idôneo; da legitimidade de o magistrado julgar a interioridade e as escolhas pessoais do réu. Não por outra razão, como veremos mais adiante, estes "critérios indicativos da culpabilidade" foram sendo gradualmente substituídos por outros dados concretos que permitem um juízo de censura sem incorrer em culpabilidade de autor.

Assim, para compreender a culpabilidade como critério geral de dosimetria da pena – não apenas da pena-base, mas também com importantes desdobramentos na quantificação das penas provisória e definitiva –, alguns autores sugerem que o seu conteúdo englobe igualmente os elementos objetivos, como Zaffaroni/Pierangelli:

"(...) a culpabilidade abarcará tanto os motivos (é inquestionável que a motivação é problema da culpabilidade), como as circunstâncias e consequências do delito (que podem compor também o grau do injusto que, necessariamente, reflete-se no grau de culpabilidade). O comportamento da vítima pode aumentar ou diminuir o injusto, e, por reflexo, ou mesmo diretamente, a culpabilidade. A personalidade do agente

---

[34] REALE JÚNIOR, Miguel; DOTTI, René Ariel; ANDREUCCI, Ricardo Antunes; PITOMBO, Sergio de Morais. _Penas e Medidas de Segurança no Novo Código_. Rio de Janeiro: Forense, 1985, p. 160; REALE JÚNIOR, Miguel. _Instituições de Direito Penal_: parte geral. v. 2. Rio de Janeiro: Forense, 2003, p. 84 (grifei).

cumpre uma dupla função: com relação à culpabilidade, serve para indicar – como elemento indispensável – o âmbito de autodeterminação do agente. Insistimos aqui ser inaceitável a culpabilidade de autor. A maior ou menor 'adequação' da conduta ao autor, ou 'correspondência' com a personalidade deste, em nenhum caso pode fundamentar uma maior culpabilidade, e, no máximo, deve servir para não baixar a pena do máximo que a culpabilidade de ato permite, que é algo diferente".[35]

Para Boschi, "(...) os antecedentes, a conduta, a personalidade, os motivos, as circunstâncias do crime, as consequências e o comportamento da vítima, como importantes ferramentas, estão, isto sim, a serviço da culpabilidade, e não em concurso com ela".[36] Brandão sustenta que "a culpabilidade é o único elemento do delito que mesura a pena, sendo o satélite central das circunstâncias judiciais; todas as demais circunstâncias gravitam em torno dela".[37] Mesmo Nucci afirma que "(...) a culpabilidade, prevista no art. 59, é o conjunto de todos os demais fatores unidos: antecedentes + conduta social + personalidade do agente + motivos do crime + circunstâncias do delito + consequências do crime + comportamento da vítima = culpabilidade maior ou menor, conforme o caso".[38]

O papel central que ocupa a culpabilidade aparece, porém, menos no art. 59, *caput*, do que no art. 29, *caput*, do Código Penal, na regulação do concurso de pessoas. A redação, se por um lado, é bastante problemática, porque equipara todos que "de qualquer modo" concorrem para o crime nas penas cominadas; por outro lado, impõe seja a sanção graduada *"na medida da culpabilidade"*. Stoco e Teixeira concordam com a tese de que se a culpabilidade não fosse o critério central da quantificação da pena, o Código teria elencado todas as demais circunstâncias judiciais no art. 29, *caput*, inclusive as de natureza objetiva.[39]

---

[35] ZAFARONI, Eugenio Raúl; PIERANGELLI, José Henrique. *Manual de Direito Penal Brasileiro*: parte geral. 13. ed. São Paulo: Revista dos Tribunais, 2019, p. 737.

[36] BOSCHI, José Antônio Paganella. *Das Penas e seus Critérios de Aplicação*. 5. ed. Porto Alegre: Livraria do Advogado, 2011, p. 191.

[37] BRANDÃO, Claudio. *Curso de Direito Penal*: parte geral. 2. ed. Rio de Janeiro: Forense, 2010, p. 333.

[38] NUCCI, Guilherme de Souza. *Manual de Direito Penal*. 11. ed. Rio de Janeiro: Forense, 2015, p. 428. O autor entende que se o dolo e a culpa, como expressões da vontade, forem considerados "desajustados", devem ser buscados nas manifestações da personalidade do agente, posição que considero equivocada – "o que se pretende sustentar ser 'dolo intenso' não passa de um fator ligado ao modo de ser e agir do autor da infração penal, logo, personalidade" (Idem, p. 427).

[39] STOCO, Tatiana. *Culpabilidade e Medida da Pena*: uma contribuição à teoria da aplicação da pena proporcional ao fato. São Paulo: Marcial Pons, 2020, p. 29; TEIXEIRA, Adriano. *Teoria da Aplica-*

Ocorre que a redação imprecisa do *caput* do art. 59 do Código Penal induziu, sobretudo os Tribunais, à autonomização da culpabilidade, transformando a circunstância geral em especial, convertendo uma categoria que seria conglobante das demais variáveis em mais um elemento judicial subjetivo.[40] Cirino dos Santos considera uma "impropriedade metodológica",[41] e Ferreira chega a afirmar que "a culpabilidade como critério aferidor da pena-base está mal colocada no art. 59, já que não é uma circunstância e sim um juízo de reprovação".[42]

Todavia, o fato de a dogmática penal brasileira subsequente à reforma de 1984 compreender a culpabilidade como mais uma dentre as circunstâncias judiciais não desnatura o seu conteúdo. Inclusive porque outros elementos importantes, indicativos da autonomia do sujeito, da sua capacidade de motivação, do nível de compreensão do ilícito e, em consequência, da possibilidade de atuar conforme as normas, podem ser avaliados – nos termos inclusive de importantes precedentes dos Tribunais nacionais.

Ressalto esses pontos porque as intercorrências na aplicação da pena no Brasil igualmente induzem os julgadores, no cotidiano forense, no momento de discorrer sobre a culpabilidade na individualização da pena, a simplesmente repetir os seus elementos constitutivos: imputabilidade, consciência da ilicitude e exigibilidade de comportamento.[43] Mas para quem conhece a trajetória que percorreu a dogmática

---

ção da Pena: fundamentos de uma determinação judicial da pena proporcional ao fato. São Paulo: Marcial Pons, 2015, p. 131.

[40] CARVALHO, Salo. *Penas e Medidas de Segurança no Direito Penal Brasileiro*. 3. ed. São Paulo: Saraiva, 2020, p. 380.

[41] SANTOS, Juarez Cirino. *Direito Penal*: parte geral. 7. ed. Florianópolis: Empório do Direito, 2017, p. 523.

[42] FERREIRA, Gilberto. *Aplicação da Pena*. Rio de Janeiro: Forense, 1998, p. 238.

[43] "(...) constitui rematado equívoco, frequentemente cometido no quotidiano forense, quando, na dosagem da pena, afirma-se que 'o agente agiu com culpabilidade, pois tinha a consciência da ilicitude do que fazia'. Ora, essa acepção de culpabilidade funciona como fundamento da pena, isto é, como característica negativa da conduta proibida, e já deve ter sido objeto de análise juntamente com a tipicidade e a antijuridicidade, concluindo-se pela condenação. Presume-se que esse juízo tenha sido positivo, caso contrário nem se teria chegado à condenação, onde a culpabilidade tem função limitadora da pena, e não fundamentadora" (BITENCOURT, Cezar Roberto. *Tratado de Direito Penal*: parte geral. v 1. 26 ed. São Paulo: Saraiva, 2020, p. 1.834).
No mesmo sentido, TAVARES, Juarez. Culpabilidade e Individualização da Pena. In: NASCIMENTO, André (org.). *Cem Anos de Reprovação*: uma contribuição transdisciplinar para a crise da culpabilidade. Rio de Janeiro: Revan, 2011, p. 128; MESTIERI, João. *Manual de Direito Penal*: parte geral. v. 1. Rio de Janeiro: Forense, 1999, p. 280; BOSCHI, José Antônio Paganella. *Das Penas e seus Critérios de Aplicação*. 5. ed. Porto Alegre: Livraria do Advogado, 2011, p. 190; QUEIROZ, Paulo. *Direito Penal*: parte geral. 12. ed. Salvador: Juspodivm, 2016, p. 469.

nacional sobre a culpabilidade, essa "fórmula", nos termos em que aborda a sentença, apesar de insuficiente, não causa espanto. No contexto acima apresentado (culpabilidade como categoria conglobante das demais circunstâncias judiciais), a "fórmula" reforça a existência do delito e *introduz* a análise dos componentes do juízo de censura.

Fundamental repetir, portanto, que a culpabilidade normativa não esvazia a determinação da pena. E não exclui, como sustenta o julgador, a possibilidade de análise de "elementos de ordem subjetiva" – notadamente porque preponderam, como integrantes dessa culpabilidade conglobante, as demais circunstâncias judiciais subjetivas. O que a diretriz da reforma impede é a análise da "intensidade do dolo" como *elemento* da culpabilidade. E mesmo sendo contrário a esse entendimento, pois autores importantes seguem afirmando ser necessário abordar o dolo na pena-base, as conclusões postas na decisão não são tecnicamente satisfatórias.

Se a Reforma conferiu um importante peso à personalidade do réu e à conduta social, o procedimento dogmático de filtragem constitucional de alguma forma vem limitando o seu impacto, sob o preciso argumento de que reeditam modelos penais de autor ou, especialmente no caso da valoração da personalidade, de que o julgador necessitaria de elementos técnicos específicos para análise (prova pericial, p. ex.). No ponto, é de se saudar a posição do julgador que, embora manifestando-se contrário às teses que sustentam ser "indecifrável" (termos usados na decisão) a personalidade, entendeu não ser a sentença "a sede adequada para desenvolver argumentos tendentes a refutar entendimento predominante",[44] valorando, portanto, a circunstância como neutra. Talvez a mesma posição devesse ter sido adotada em relação ao "dolo eventual intenso".

Não cabe, no parecer, retomar a importante crítica que a dogmática penal brasileira direcionou às formas judiciais de valoração dos antecedentes, da personalidade do réu e da conduta social. Essas circunstâncias foram neutralizadas, e a sentença considerou, como desfavoráveis, culpabilidade, motivos, consequências, circunstâncias e comportamento das vítimas.[45] Permanecerei limitado, pois, aos conteúdos atribuídos às circunstâncias que desempenharam acréscimos sancionatórios. No entanto, é fundamental lembrar que os princípios republicanos positivados na Constituição, orientados sobretudo pela ideia de seculariza-

---

[44] TJRS, 1º Juizado da 1ª Vara do Júri de Porto Alegre, Processo nº 001/2.20.0047171-0, Sentença, fl. 30.

[45] "Acusados sem antecedentes, com conduta social abonada, exsurgindo sem análise a personalidade" (TJRS, 1º Juizado da 1ª Vara do Júri de Porto Alegre, Processo nº 001/2.20.0047171-0, Sentença, fl. 31).

ção do Direito, vedam quaisquer tipos de juízo de natureza moral sobre os réus, independente da circunstância avaliada.

2.6. Neste cenário, a questão que passa a ser central é: que dados da realidade, que elementos da experiência humana poderiam ser objeto de análise na culpabilidade? Deixar de enfrentar esse problema tornaria a dogmática asséptica e descolada da realidade, sem cumprir a sua função científica que é a de orientar a concretização do Direito.

Sem recair em subjetivismos ou em valorações morais, a doutrina e a jurisprudência nacionais há tempos estabelecem algumas diretrizes sobre o que seria lícito indagar na culpabilidade (normativa). Os critérios mais importantes, desde o meu ponto de vista, são aqueles que se materializam em dados empíricos concretos, isto porque mesmo as circunstâncias subjetivas precisam (em realidade devem) ser objetivadas em conteúdo probatório refutável. Cabe a uma dogmática consciente do seu papel crítico fornecer critérios de *objetivação* de circunstâncias abertas/subjetivas para o efetivo controle de decisões arbitrárias.

Pierangelli, ao comentar a reforma, em evento organizado pela Escola Superior do Ministério Público do Rio Grande do Sul, em 1984 – trabalho posteriormente publicado sob a organização de Vladimir Giacomuzzi –, expunha:

> "Dentro do critério da culpabilidade do ato, entram como objeto de verificação, a idade, o grau de instrução e de educação, bem assim a vida pregressa do autor, que servirão de orientação que permitirá concluir se o agente dispõe de uma maior ou de uma menor determinação. Conquanto se possa afirmar que tais caracteres ingressem no âmbito da personalidade e que a esta se refere expressamente o artigo 59, do novo Código, é de se considerar que esses aspectos irão determinar o grau de reprovação a incidir sobre a conduta do agente".[46]

Se o juízo de censura é realizado sobre os dados que possibilitam verificar concretamente a maior ou menor consciência da antijuridicidade do réu e, assim, graduar o quanto lhe era exigido comportamento conforme o Direito, é necessário compreender sob quais condições esse sujeito concreto se formou. Consciência da ilicitude é, antes de tudo, consciência, capacidade do sujeito de interpretar o mundo ao seu redor e de direcionar o seu agir. O parâmetro, pois, é a *constru-*

---

[46] PIERANGELLI, José Henrique. As Penas e a sua Execução no Novo Código Penal. In: GIACOMUZZI, Vladimir (org.). *O Direito Penal e o Novo Código Penal Brasileiro*. Porto Alegre: Fabris, 1985, p. 79. De igual forma, PIERANGELLI, José Henrique. A Culpabilidade e o Novo Código Penal. In: *Escritos jurídico-Penais*. São Paulo, Revista dos Tribunais, 1992, pp 112-122.

ção intelectual do homem concreto, porque são o nível de escolaridade, o grau de instrução, a situação econômico-financeira, o histórico profissional, a inserção no meio sociocultural, a condição etária, o estado psíquico, a constituição das relações familiares e empregatícias, determinadas situações de vulnerabilidade e as demais experiências de vida que informam e nivelam a capacidade de uma pessoa interpretar os códigos sociais de conduta frente a uma situação excepcional como a do delito.

Nesta perspectiva, Dotti ensina que a culpabilidade se refere a essas condições específicas que vinculam o fato à pessoa e que tornam o réu mais ou menos censurável. Exemplifica referindo situações profissionais, como certos delitos praticados por policiais (excetua os crimes funcionais porque a condição de servidor é inerente ao tipo) e por advogados, pois são ofícios cuja experiência possibilita aos seus autores maior consciência do ilícito, sendo, em consequência, exigido comportamento oposto ao delitivo.[47]

De igual forma, Tavares refere condições externas que, se não excluem a culpabilidade, devem ser apreciadas na pena-base porque influenciam diretamente a autonomia do sujeito:

> "Também devem ser avaliadas, aqui, as condições externas que dificultam o exercício da autonomia, como a coação individual ou social, a relação de dependência do autor em relação a outrem, quer como funcionário, empregado ou simplesmente companheiro, ou a falta de outro meio institucional que lhe possibilitasse a realização de um resultado juridicamente adequado (...).
>
> Em se tratando de crime culposo, (...) um engenheiro terá, pessoalmente, maior autonomia para avaliar a possibilidade concreta de um desabamento do que um leigo; um médico, terá maior autonomia de prever ou mesmo evitar que a ingestão de certo medicamento produza efeitos colaterais no paciente do que um enfermeiro; um motorista profissional terá maior autonomia de prever que, em certas condições adversas da pista, era mais difícil evitar o acidente do que ocorreria com um motorista amador. Todas essas condições devem influir na determinação do grau de culpabilidade (...)".[48]

---

[47] DOTTI, René Ariel. *Curso de Direito Penal*: parte geral. 7. ed. São Paulo: Revista dos Tribunais, 2020, p. 759.

[48] TAVARES, Juarez. Culpabilidade e Individualização da Pena. In: NASCIMENTO, André (org.). *Cem Anos de Reprovação*: uma contribuição transdisciplinar para a crise da culpabilidade. Rio de Janeiro: Revan, 2011, pp. 144-145.

Tatiana Stoco, ao levantar decisões do STJ, demonstra como a jurisprudência respalda essa compreensão da culpabilidade, indicando que "a posição ocupada pelo agente ou predicados ligados à profissão exercida também são considerados como elementos capazes de agravar a reprovabilidade, embora não se trate de uma questão uniforme (...)".[49] Apresenta casos em que houve incremento da pena-base por considerar negativa a culpabilidade de réus ocupantes de cargos públicos, como funcionários de autarquias acusados de apropriação indébita e membros do Poder Executivo denunciados por crimes de responsabilidade. A variável profissional indicaria o "acentuado conhecimento do ilícito".[50]

Exatamente porque o juízo de censura deve ter como referência o *homem concreto*, em meio às circunstâncias de vida que facilitam ou dificultam o exercício da sua autonomia (liberdade de ação e consciência do ilícito), critérios como o do "homem médio", elaborados originalmente sob o neokantismo (Goldshmidt), ou do "homem prudente" (Welzel),[51] tornam-se inaplicáveis e obsoletos. Na linha de Reale Júnior, seria uma operação "abstracionista" que "desfigura o real".[52] Nas palavras de Toledo, trata-se "de uma culpabilidade *concreta* do aqui e agora. De uma culpabilidade deste homem nesta situação, não do *homo medius*, abstrato, inexistente, de triste memória".[53] São as experiências reais de vida que promovem a formação do sujeito e que permitem avaliar o seu grau de responsabilidade penal ou, nos termos da dogmática tradicional, determinar o nível de reprovabilidade do autor pela conduta.

---

[49] STOCO, Tatiana. *Culpabilidade e Medida da Pena*: uma contribuição à teoria da aplicação da pena proporcional ao fato. São Paulo: Marcial Pons, 2020, p. 32.

[50] Ibidem.

[51] LUISI, Luiz. *O Tipo Penal, a Teoria Finalista e a Nova Legislação Penal*. Porto Alegre: Fabris, 1987, p. 81.

[52] "O homem médio é um homem impossível, formado por qualidades e defeitos desconexos, distantes da situação concreta na qual se realizou a ação que se julga. O juiz deveria sair de si mesmo para construir um homem médio, colocá-lo na situação concreta e julgar, paradoxalmente, à luz desse critério, qual o poder de um *ente ideal*, a fim de estabelecer a exigibilidade ou não de um *agir concreto* do agente. Tal operação resultaria em um abstracionismo, passando por várias etapas, o que inevitavelmente desfigura o real." (REALE JÚNIOR, Miguel. *Instituições de Direito Penal*: parte geral. v. 1. Rio de Janeiro: Forense, 2002, p. 182).

[53] TOLEDO, Francisco de Assis. *Princípios Básicos de Direito Penal*. 5. ed. São Paulo: Saraiva, 2015, p. 232.

(c) No caso concreto, o que poderia e deveria ter sido valorado na culpabilidade? É possível ignorar o conjunto probatório?

"(...) eu fiz uma renovação de alvará em 2011, aonde como é que faz uma renovação, tu vai lá, paga as guias, solicita a vistoria, vieram, fizeram a vistoria, os bombeiros me pediam na época até para trocar... as portas abriam de dentro para fora, aqueles negócios de empurrar, troquei aqueles negócios, fui tentando melhorar, fui tentando melhorar a casa." [TJRS, 1º Juizado da 1ª Vara do Júri de Porto Alegre, Processo nº 001/2.20.0047171-0, fl. 20.119v (grifei)]

2.7. A decisão proferida no 1º Juizado da 1ª Vara do Júri de Porto Alegre, ao ignorar a culpabilidade normativa, deixou de apreciar elementos fáticos, todos ampla e solidamente amparados na prova produzida ao longo da instrução e em plenário, que resultariam em um *distinto juízo de censura*. Ao fixar-se (a) na dimensão cognitiva do dolo e (b) nos resultados produzidos pelos delitos, foram suprimidos importantes fatos acerca da formação intelectual, da expertise profissional, das dificuldades financeiras, das relações afetivas e dos vínculos familiares de Elissandro Callegaro Spohr. Dados que se vinculam, como antecipei, à autonomia do autor e, especificamente, *afetam a capacidade de interpretar a (ir)regularidade do estabelecimento pelo qual era responsável*.

Se o julgador tivesse enfrentado as informações que são exigidas que sejam valoradas na culpabilidade normativa (em termos teóricos) e se tivesse se ocupado da prova dos autos (em termos processuais), a conclusão seria diametralmente oposta: culpabilidade (normativa) favorável ou, no mínimo, neutra. Repito: são elementos fáticos evidentes, que constam no caderno processual, e que sequer foram confrontados e desqualificados pela acusação.

A primeira informação relevante diz respeito à configuração familiar: Elissandro é filho de mãe solteira, pobre, de baixa escolaridade e que alternava tarefas de faxineira, empregada doméstica e funcionária em uma fábrica de sapatos. Na boate, em razão da escassa escolaridade, ficou encarregada da chapelaria. Mãe e filho residentes, durante a infância de Elissandro, em uma pequena cidade do interior do Estado (Parobé).

"Eu conheci meu pai com 12 anos de idade. Às vezes é levado isso e levam em conta ou não levam em conta de que o meu pai tem a família dele e eu tive, digamos assim, a minha que foi com a minha mãe e a minha irmã, né (...) Como eu vou te dizer? A gente não é inimigo, é claro. A gente não é inimigo. **Mas é basicamente isso, ele tem a família dele e eu tenho a minha** (...) a minha mãe teve, como eu vou dizer, um namorinho e engravidou. Acabou que ela falou que estava grávida, enfim, eu não sei direito como é que foi ou como levou até ele, e na época <u>ele não demonstrou muito entusiasmo</u>, né. Ela se sentiu ofendida e até se mudou de cidade (...) E, ah, com o decorrer dos anos eu comecei a indagar ela, 'mas como assim?'"[54]

Ausência que foi sentida profundamente pelo acusado, sobretudo na escola, espaço no qual a maternidade, pelo olhar externo dos professores, colegas, pais de colegas e funcionários, não consegue apresentar-se como um real substitutivo paterno:

"No colégio todo mundo fazia coisas para os pais e eu fazia para a minha mãe. Não fazia para meu pai. Aí eu comecei a incomodar. Ficando um pouco maior e aí comecei a querer saber quem era o meu pai, né, para conhecer (...) E conseguiu contato com o meu pai. E aí a mãe telefonou para ele, 'Ó, ele tá incomodando. Quer saber quem é o pai', enfim né. E ele disse, 'Não. Então traz ele pra cá'. Me lembro, ele mandou um dinheiro, mandou passagem. Não sei como é que foi. Eu tinha 11 para 12, ou 12 para 13. Eu não me lembro. E aí fui até Santa Rosa. Mas eu morava em Parobé. E acabei conhecendo ele. Aí começamos a ter contato uma vez por ano, duas vezes por ano eu ia".[55]

Relação de afastamento que permaneceu até os dias atuais – "(...) Ele não foi uma vez na minha casa [referindo-se ao apartamento de Porto Alegre]. Não que a gente seja... a gente não é inimigo. É isso que eu estou te falando, a gente... Tem um restaurante que às vezes a gente se encontra ao meio-dia. A gente almoça. Esse tipo de coisa".[56]

O abandono paterno tem implicações radicais na formação da subjetividade, como se sabe. Mas para além das consequências psicológicas, também gera pesados ônus financeiros. Exatamente por isso Elissandro <u>começou a trabalhar aos dez anos de idade</u>, situação que impactou de forma relevante a sua formação intelectual (instrução), visto a pressão para conciliar estudo e trabalho e, em determinado momento, até mesmo a necessidade de abandonar a escolarização – "eu basicamente sempre vivi do meu trabalho. **Eu trabalho desde os dez anos de idade. Então, não é...** Quem me conheceu e me conhece,

---

[54] TJRS, 1º Juizado da 1ª Vara do Júri de Porto Alegre, Processo nº 001/2.20.0047171-0, fl. 20.117.

[55] Ibidem.

[56] Ibidem.

enfim, de anos atrás, sabe, eu não tive essa...",[57] conclui referindo-se às facilidades que poderiam advir se o pai fosse presente e desse suporte financeiro.

A partir da adolescência, o trabalho com transporte de cargas era dividido com sua paixão: a música. Em Santa Rosa e, posteriormente, Santa Maria, o que era uma atividade lúdica de adolescente ("tocar em garagem") passou a ganhar uma dimensão mais profissional ("músico de bar").

"Acho que uns 14 para 15 anos eu comecei a tentar montar umas bandinhas assim. Aquela época a gente tocava numas garagem, sabe? (...) E foi tomando uma proporção um pouquinho maior, né. Eu fui pra Santa Rosa, aí montei uma banda e comecei a fazer show, gravamos músicas (...) Acabei indo pra Santa Maria focado em trabalhar na época. Aí encontrei um amigo meu chamado... Que o apelido dele é 'Pantana'. Inclusive por isso que a banda era Projeto Pantana. E nós íamos em dois bares, um se chama Pingo e o outro Coiote. E dois amigos, né, ele tocava bateria e eu tocava violão e cantava. E, na época, a gente era solteiro. Então, as bandas, muitas bandas faziam intervalo, que lá tinha muito isso, né (...). E aí nós fazia o intervalo. Eu fazia voz e violão, eles faziam percussão e bateria ali e tal, e nós tocava 3, 4, 5 músicas (...). Aí o Joãozinho, que era um rapaz que é de Santa Rosa, foi estudar em Santa Maria e a gente foi fazer um churrasco (...) Resumindo, a gente montou uma banda lá em Santa Maria que tomou uma proporção considerável (...) Estamos em 2007, 2008".[58]

Mas em razão da necessidade financeira, a atividade musical sempre foi desenvolvida "na noite" e nos finais de semana, em paralelo com outras funções durante a jornada regular de trabalho – "morei em Santa Maria e depois voltei pra Santa Rosa. Voltei pra Santa Maria. Seguia trabalhando com transporte, pneus e consequentemente tocava né, eu era músico; e no meio do caminho vim a ser proprietário da boate Kiss".[59] O próprio trabalho na Kiss ocorreu de forma acidental:

"J: E a ideia de entrar nesse âmbito de casa noturna surge quando?

R: Na verdade, não foi uma ideia, sabe, foi uma sequência assim, sabe? Porque eu tocava em várias casas. Estava tocando fora da cidade, né. Trabalhava e final de semana tocava (...) A gente começou a gravar umas músicas. E eu disse 'Cara, eu acho que a gente pode ser a próxima banda de rock gaúcho aí?' (...) Então eu, o meu negócio com a noite

---

[57] TJRS, 1º Juizado da 1ª Vara do Júri de Porto Alegre, Processo nº 001/2.20.0047171-0, fl. 20.117.

[58] Idem, fl. 20.117v, sic.

[59] Idem, fl. 20.116v.

e tal era até então a música, né. (...) E na época já existia o Absinto que era a boate do Mauro. E eu me lembro que o Mauro tinha um cara que cuidava dessa parte de agenda que se chamava Sandro Ornelo, né. E esse cara me fez... Deu o estalo, né? (...) E nesse meio tempo inaugurou a Kiss lá, eu fui na inauguração e tal (...) aí até na época eles pediram uma data minha eu não tinha aí eu chamei uma banda de uns amigos meus de Santa Rosa pra tocar, e aí o próprio eu acho, se não me engano não sei se foi o Alexandre ou se foi o Mutti, alguém me disse: 'Cara, já que tu faz isso tu não pode me ajudar a cuidar da agenda e tal?" e eu de novo me deu um start, digo: 'Posso, só que **eu quero montar a produtora Kiss' que seria o que, cuidar a agenda e vender os shows** então tipo quem fosse tocar na Kiss ou fosse... eu intermediaria, eu ganharia uma comissão da banda (...) Só que a Kiss ela sabe, inaugurou o primeiro mês assim ela andou, segundo mês ela foi pior ainda, o terceiro pior ainda (...) (...) Passou acho que mais uns 3 meses o Elton veio pra mim e disse assim: Bah, o cara, lá não tem como, tá complicado lá, os caras não passam nada, nada com nada, não se acertam e tal (...) <u>passou mais eu sei lá quanto tempo o Mutti veio e me ofereceu a boate</u> (...) Ele me ofereceu e eu digo: 'Bah! Velho, eu acho que...' <u>ele tinha me pedido um valor até que na época eu não tinha</u>, e eu falei pra ele até 'Olha, eu tenho um carro' ele falou 10 mil mas era 15, 'Eu tenho um carro e 15 mil'. <u>Vou resumir, eu comprei dele por esse carro e 15 mil reais</u>".[60]

2.8. O dado de que Elissandro passou a se dedicar à música e que assumiu a Boate Kiss **sem qualquer experiência na administração de casas noturnas** é fundamental para que se dimensione a reprovabilidade pelo injusto. Vejamos: *um jovem, sem instrução, de baixa escolaridade, envolvido com a sua banda e com o agendamento de outros grupos musicais, assume, de uma hora para outra, de forma totalmente inesperada e não programada, o gerenciamento de uma casa noturna*. Casa noturna que não é outra coisa senão uma empresa, com todas as dificuldades administrativas inerentes – setor financeiro (capital de giro, relação com bancos); fiscal (contabilidade, pagamento de tributos); institucional (licenças com órgãos públicos); publicitário (propaganda e relação com público); recursos humanos (gerenciamento de pessoal, contratação de terceirizados); compras (relação com fornecedores, controle de estoque) etc.

"<u>Eu não participei de trâmite nenhum de documentação</u>, isso já vou me adiantar porque depois eu vou explicar, mas eu ingresso de certa forma

---

[60] TJRS, 1º Juizado da 1ª Vara do Júri de Porto Alegre, Processo nº 001/2.20.0047171-0, fls. 20.118 (grifei).

né, já me familiarizando, **porque eu não entendia nada**. O Alexandre [proprietário anterior] que tocava tudo, ele que fazia as coisas com a rádio, ele que encomendava a bebida, ele tinha o pessoal para repor a bebida".[61]

A inexperiência era evidente, e o aprendizado era mediante erros e acertos na própria atividade gerencial:

"A minha primeira festa Kiko tá, foi assim, sozinho, que eu lembre, porque assim oh, eu fiquei fechado um tempo, eu realmente **eu não sabia mandar a agenda para rádio, eu não sabia quantas bebidas iam no freezer**. Eu lembro que o Alexandre me deixou um caderno com coisas tudo anotado pra mim ir fazendo (...) **eu fiz uma renovação de alvará em 2011, aonde como é que faz uma renovação, tu vai lá, paga as guias, solicita a vistoria, vieram, fizeram a vistoria, os bombeiros me pediam na época até para trocar**... as portas abriam de dentro para fora, aqueles negócios de empurrar, **troquei aqueles negócios, fui tentando melhorar, fui tentando melhorar a casa**".[62]

"(...) Eu apanhei dentro da boate. Eu peguei amigo meu aprontando dentro do banheiro que eu tive que tirar. As pessoas pensam que ter uma boate é uma barbada e que é um rio de dinheiro. É trabalhoso. Olha só: eu tinha a Vanessa na época, que abria a boate de tarde. Aí eu tinha... E eu fui organizando isso com o tempo, porque, no começo, **era só eu e ela, fazendo meio que tudo** (...) **E as coisas foram acontecendo. Eu fui aprendendo (...)**".[63]

Em razão de não dominar vários procedimentos e tarefas exigidas no gerenciamento da boate, Elissandro buscou pessoas com expertise para resolver os problemas que surgiam: os que diziam respeito à vedação acústica e as distintas demandas do Corpo de Bombeiros, Prefeitura e Ministério Público. Mas é importante que se diga que mesmo os técnicos, contratados ou integrantes do Poder Público, tinham dúvida sobre a proibição/autorização do uso de alguns produtos.

"(...) era uma vizinha o problema, eu tentei de tudo para resolver, tentei de tudo, eu cheguei a oferecer pra ela pra que ela ficasse num apartamento, eu pagaria o apartamento atual que ela morava e faria um estoque lá (...) E pagaria o outro apartamento pra ela (...) porque incomodava mesmo, eu fui na casa dela de noite, os vidros, as janelas tremiam (...) Na época, eu liguei pro Mutti, digo: 'Mutti, tu sabe desse

---

[61] TJRS, 1º Juizado da 1ª Vara do Júri de Porto Alegre, Processo nº 001/2.20.0047171-0, fl. 20.119 (grifei).

[62] Idem, fl. 20.119v (grifei).

[63] Ibidem, (grifei).

negócio, desse barulho aí que tem e tal? **O que que eu posso fazer né?**', aí ele disse: 'Cara, o **Samir é um engenheiro acústico**, e ele fez pra nós lá o pub, com gesso, com não sei o que e tal, entra em contato com ele!', eu entrei em contato, fui lá na empresa do Samir digo: 'Oh, tá acontecendo isso, isso e isso' ele me disse: 'Olha, eu já tinha avisado o Mutti, já tinha avisado o Alexandre, tem que fazer um tratamento acústico nessa casa' **eu digo: 'Tá. E o que que se trata isso?' 'Vamos fazer uma parede nesse lado da vizinha, que tá incomodando e vamos botar espuma' eu digo: <u>'Vamos' nem questionei em momento nenhum. A gente fez a parede e fez a aplicação de espuma</u>**".[64]

Especialistas que o acompanharam no Ministério Público quando da elaboração do Termo de Ajustamento de Conduta:

"Aí eu fui chamado um dia pra ir na Promotoria (...) aí o promotor que tava aqui inclusive me disse: 'O Marcelo acabou de sair daqui, fez um isolamento acústico resolveu' digo oh, beleza. Conversamos ali, ficamos num prazo de vir tipo foi numa quarta-feira, ficamos num prazo de vir na outra quarta-feira. Tá. **Levei o Samir comigo lá. Eu fiz isso aqui na frente do Samir, eu disse eu vou resolver. Trazendo o Samir que entende, fiz tipo como se fosse uma chave, tá aqui a chave, nós vamos resolver,** o senhor nos dá um prazo (...) vamos ver o que tem que fazer, **o Samir vai lá vai fazer um estudo, vai ver o que tem que fazer e tal, ok** (...) Nesse meio tempo o Samir disse: 'Cara, eu não tenho, eu tô cheio de serviço e tal, mas eu vou contratar um outro (...) Engenheiro (...) Chamado Pedroso e tal, me apresentou o Pedroso'".[65]

Na questão das espumas, era flagrante o desconhecimento das espécies que podiam ser utilizadas, como se percebe no depoimento do Prefeito Municipal:

"**Defesa**: Em relação a essas espumas, tá. Que segundo essa leizinha que nós discutimos aqui antes, ela diz que **seria da competência da Prefeitura, por meio dos Bombeiros, evitar que casas noturnas tivessem alguns elementos, que são elementos que produzem uma fumaça tóxica**. E aqui na acusação nós temos: cortina, madeira e *espumas como sendo um elemento da acusação*. O senhor já referiu competência dos Bombeiros, né? Algum setor da fiscalização, pra expedição de algum dos alvarás de competência da Prefeitura, poderia, teria competência, na sua...no seu conhecimento, para investigar materiais existente dentro de casas? A qualidade desses materiais? **Testemunha: Eu não sei lhe**

---

[64] TJRS, 1º Juizado da 1ª Vara do Júri de Porto Alegre, Processo nº 001/2.20.0047171-0, fl. 20.120 (grifei).

[65] Ibidem, (grifei).

responder, Doutor. Mas eu vou lhe repetir a questão dessa lei que o senhor cita, 33, não lembro mais. Essa lei foi feita pelo município, como em outros municípios do Rio Grande do Sul, pra preencher um vácuo legislativo... D: O senhor entende que ela foi revogada, então? **T: Acho que ela foi derrogada por uma lei superveniente e superior, mas também não tenho certeza".**[66]

A retirada e recolocação das espumas foi indicação de profissionais, visto Elissandro <u>não ter qualquer conhecimento técnico sobre isolamento acústico</u>. Ademais, assim como as autoridades públicas, em alguns pontos *os próprios especialistas divergiam.*

"Não, ele me disse assim oh, que assim, tinha uma divergência entre ele e o Samir, o Samir dizia que tinha que fazer um tratamento acústico e ele dizia que tinha que ser um isolamento acústico ou ao contrário, uma coisa ou outra, entendeu? (...) E aí como ele me deu uma opção que não precisava espuma eu disse ótimo, ele me deu a opção de fazer de tijolo na época (...) **E ele me disse: 'Não, nós vamos fazer melhor, nós vamos fazer de pedra então e vamos mudar o palco de lado, nunca mais tu te incomoda' eu disse: 'ótimo!'** 'Só que o seguinte, tu vai ter que fazer um rebaixamento do teto, e bah, bah, bah' aí montaram todo o projeto, que se tratava disso, com a mudança do palco de lado."[67]

J: Duas coisas. Nesse projeto e nessa obra derivada do projeto do Pedroso aquela espuma que tinha sido colocada num dado momento foi retirada?

R: Foi retirada.

J: Por orientação dele?

R: Ele me disse: "Cara, tira isso aí que não vai te ajudar em nada, e tal" e eu tirei".[68]

"Liguei para o Pedroso e o **Pedroso** me disse: 'Não acredito, não pode!' digo: 'A vizinha de trás agora' (...) Aí ele **me disse assim: 'Faz uma parede'** ou não me lembro se eu já tinha feito, mas eu lembro que foi

---

[66] TJRS, 1º Juizado da 1ª Vara do Júri de Porto Alegre, Processo no 001/2.20.0047171-0, Depoimento em Plenário, disponível em https://www.youtube.com/watch?v=i3hLf4NUy9M, 2:31:56 a 2:33:16 (Identificação: Caso Boate Kiss – dia 8 Turno Manhã).

[67] TJRS, 1º Juizado da 1ª Vara do Júri de Porto Alegre, Processo nº 001/2.20.0047171-0, fls. 20.120v (grifei).

[68] Ibidem, (grifei).

feito uma parede de madeira com lã de rocha, consequentemente não adiantou e eu fiz uma parede de pedra também atrás do palco pra tentar resolver. Nessa época o Pedroso eu acho que já tava enchendo o saco comigo (...) Só que quem tinha contratado ele não tinha sido eu, eu tinha contratado o Samir, digo: 'Samir, o Pedroso não me atende, não me atende, não me atende' aí o Samir me disse assim: 'Kiko, eu já te falei, tu tem que fazer um tratamento acústico, tu vai ter que baixar o volume da casa, tu vai ter que botar espuma' (...) eu disse: 'Então vem e bota' ele me disse: 'Cara, eu não tenho tempo e eu não tenho espuma' o que que eu fiz de imediato, as espumas que tinham sido tiradas eu pedi pra botar no palco (...)".[69]

Configura fato notório, não apenas em Santa Maria como em todo o Rio Grande do Sul, que após o incêndio foram alterados os critérios de segurança e os procedimentos de autorizações de casas noturnas (Alvarás, PPCI etc.). O problema é que **o estabelecimento (boate Kiss) e os seus responsáveis passaram a ser cobrados e julgados pelas deficiências e irregularidades apontadas nas novas diretrizes e conforme as novas práticas, isto é, em um juízo retrospectivo**. Entendo, inclusive, que o juízo de reprovabilidade realizado na sentença incorre no mesmo erro, quando, nos termos do Código Penal em vigor, a culpabilidade (normativa) compreende a análise se o agente "(...) era [ou não era], ao tempo da ação ou omissão inteiramente capaz de entender o caráter ilícito do fato ou de determinar-se de acordo com esse entendimento" (art. 26, *caput*, Código Penal). Embora o dispositivo se refira ao seu pressuposto (imputabilidade), contém os elementos da culpabilidade normativa (potencial conhecimento do ilícito e exigibilidade de comportamento) e, sobretudo, determina que o juízo seja realizado sobre a situação do autor e o seu contexto na época do crime.

Por todos, é elucidativo o depoimento do Promotor de Justiça que acompanhou o TAC:

"**Defesa**: O senhor conhece Santa Maria, conhecia as outras boates. O **senhor sabia que havia espuma nas outras boates? Testemunha**: Bah, doutor... Não. **D: Mais isso, assim... Assim como as barras, assim como o senhor falou, da única porta...** T: Doutor, isso eu vou ser bem, assim como eu sou com todo mundo, **honesto e transparente, se o senhor me**

---

[69] TJRS, 1º Juizado da 1ª Vara do Júri de Porto Alegre, Processo nº 001/2.20.0047171-0, fls. 20.122 (grifei).

dissesse, antes de eu estudar esse assunto, que a espuma serve pra A ou pra B, eu (faz sinal de positivo). Não tenho conhecimento".[70]

Defesa: O senhor disse que, em 19 de dezembro, a boate apresentou um projeto técnico de correções que é o assinado pelo engenheiro Miguel Angelo Pedroso, ta na folha 156 do termo de ajustamento... **Testemunha:** Tá aqui. **D:** E aí trabalhos a executar. E na parte de isolamento acústico, fala essa questão, o magistrado chegou a lhe falar da troca de palco, então diz: 'demolir o palco estrutura de madeira existente e instalá-lo em parte do elevado em estrutura de alvenaria e concreto do lado oposto'. Né, então já tava prevista esta troca de palco. E uma outra coisa: revestir o piso da área dessa estrutura destinada ao palco com madeira compensada. Aí fala a espessura, sobre placas de lã de vidro, enfim, para atenuação do ruído e aí, o importante aqui de eu lhe questionar é que, **a denúncia fala, folha 08 do processo, que havia na boate, em condições indevidas e tal, né, ambiente também era visivelmente inapropriado para shows desse tipo, pois além de conter madeira e cortinas e tecido, né, mais a espuma.** E faz parte aqui da acusação uma discussão em torno da eliminação de gases tóxicos, por uma leizinha lá da prefeitura. Eu lhe pergunto: **o foco na parte de vazamento de som, né, esse foco, ele lhe tirava preocupação em relação a outros elementos? O senhor deixava isso ao encargo de outros setores ou de outros entes?** T: Deixa eu lhe responder de uma maneira bem ampla, assim. Mantendo a questão da minha atribuição, e eu já estou com 25 anos de casa no MP, e isso não me torna melhor do que ninguém, mas assim, Doutor, quem me conhece, fui Promotor de Infância e tal, **eu sempre fui absurdamente preocupado. Uma situação que infelizmente, é preciso se dizer, mesmo durante a minha atuação nesse inquérito, nunca veio meio elemento, não é um elemento, meio elemento que dissesse assim: 'tchê, tem algum risco essa boate'.** D: ...tem algum risco, claro. Eu entendo. T: O senhor entende? Então assim ó, o senhor lembra que eu usava até aquela expressão 'profeta do acontecido', isso eu não falo mais. Mas assim ó, eu posso lhe dizer, fiel às minhas atribuições, tivesse vindo qualquer coisa, ligação anônima do concorrente, **'cara esse negócio vai pegar fogo', nós (faz sinal de contenção)...** Para aí. O senhor entende... Mas além de tudo, além de tudo, de todo cuidado que nos era a atribuição, cara, **não veio nada que dissesse assim (...) Mas posso**

---

[70] TJRS, 1º Juizado da 1ª Vara do Júri de Porto Alegre, Processo nº 001/2.20.0047171-0, fls. 20.122, Depoimento em Plenário, disponível em https://www.youtube.com/watch?v=iGN7QpMoGtU, 3:39:48 a 3:40:30 (Identificação: Caso Boate Kiss – dia 8 Turno Tarde).

te dizer: não veio nada, em nenhum momento, de qualquer natureza que dissesse: 'cara...' O senhor entende?[71]

2.9. Nesse contexto, são sensíveis os dados apresentados pela Defesa técnica para justificar, em plenário, a tese do erro de proibição. Inclusive porque não tendo sido admitida pelo Conselho de Sentença como eximente, os elementos fáticos que a sustentaram não poderiam ter sido ignorados. Aliás, é exatamente essa a dupla função que deve desempenhar a culpabilidade normativa no Direito Penal: (*primeiro*) na analítica do delito, para afirmar ou excluir o delito; (*segundo*) na dosimetria da pena, para graduar reprovabilidade do fato (juízo de censura).

Do que foi possível depreender dos interrogatórios, naquele momento e contexto específicos, não é forçoso afirmar que **Elissandro entendia que estava agindo plenamente de acordo com as normas de segurança**. Sobretudo em decorrência dos inúmeros procedimentos de fiscalização realizados por órgãos públicos: (*primeira*) a aprovação do Plano de Prevenção Contra Incêndios (PPCI) pelos Bombeiros; (*segunda*) o fornecimento do Alvará de funcionamento pela Prefeitura Municipal; e (*terceira*) a assinatura do Termo de Ajuste de Conduta (TAC) com o Ministério Público. Além (*quarta*) da reforma acústica realizada e supervisionada por dois Engenheiros experientes.

O PPCI havia sido concedido em 2009 para o antigo proprietário, Alexandre Costa. Se a sua emissão foi irregular, a responsabilidade não era do acusado. Friso: Elissandro recebeu a casa noturna com o PPCI aprovado. Aliás, Mutti informou em seu depoimento que Elissandro só teria fechado o negócio para aquisição da Kiss se toda a documentação estivesse adequada.[72]

Outrossim, informação extremamente relevante deve ser destacada: no Relatório Final do Inquérito Policial, inúmeros funcionários públicos responsáveis pelas autorizações de funcionamento do estabelecimento foram indiciados[73] em razão de irregularidades na fiscalização, ou seja, porque tinham ciência de circunstâncias que, conforme

---

[71] TJRS, 1º Juizado da 1ª Vara do Júri de Porto Alegre, Processo no 001/2.20.0047171-0, Depoimento em Plenário, disponível em https://www.youtube.com/watch?v=iGN7QpMoGtU, 3:49:26 a 3:53:21 (Identificação: Caso Boate Kiss – dia 8 Turno Tarde).

[72] Idem, Depoimento em Plenário, disponível em https://www.youtube.com/watch?v=I2tk2QfYuCQ, 1:25:25 a 1:25:45 (Identificação: Caso Boate Kiss – dia 5 Turno Manhã).

[73] TJRS, 1ª Vara Criminal da Comarca de Santa Maria, Processo nº 027/2.13.0000696-7, fls. 7.102-e seguintes.

a denúncia, contribuíram para o incêndio. Vejamos os casos mais relevantes:

Nome	Cargo	Indiciamento
Gilson Martins Dias Vagner Guimarães Coelho	Soldados do Corpo de Bombeiros responsáveis pelas vistorias de 11/04/2011 e agosto de 2011	Homicídio doloso (assumiram o risco ao não exigir os sistemas de prevenção de incêndio)
Alex da Rocha Camillo	Capitão do Corpo de Bombeiros que assinou a renovação do Alvará de Proteção contra Incêndio da boate em 11/08/2011	Homicídio culposo (omisso ao não exigir PPCI elaborado por profissional e por ter chancelado irregularidades presentes em vistoria, como guarda-corpos)
Marcus Vinicius Bittencourt Biermann	Chefe da Equipe do Cadastro Mobiliário e Imobiliário da Secretaria Municipal de Finanças	Homicídio culposo (falhas na verificação dos documentos que eram protocolados para obtenção do Alvará de Localização)
Miguel Caetano Passini	Secretário de Controle Mobilidade Urbana	Homicídio culposo (omissão em relação ao vencimento dos alvarás sanitário e de prevenção a incêndio)
Beloyannes Orengo de Pietro Júnior	Superintendente de Fiscalização da Prefeitura Municipal	Homicídio culposo (omissão na coordenação da fiscalização dos Alvarás de Localização)
Luiz Alberto Carvalho Junior	Secretário de Meio Ambiente	Homicídio culposo (omisso no período em que a boate operou com licença vencida)
Cezar Augusto Schirmer	Prefeito Municipal	Não houve indiciamento, mas indicação de *"comportamento omissivo e negligente que concorreu para o resultado danoso ocorrido em 27 de janeiro"*
Gerson da Rosa Pereira	Major do Corpo de Bombeiros	Fraude processual (inserção do croqui e laudo populacional nos documentos enviados à Polícia como se estivessem junto do PPCI)
Renan Severo Berleze	Soldado do Corpo de Bombeiros	

Ademais, antes do incidente, **não havia exigência de indicação de lotação no PPCI**. A testemunha Nilvo, dono de outra casa noturna de Santa Maria (Ballare), é explícito ao relatar a mudança após o incêndio na Kiss.[74] Mais: o **Coronel Gerson foi condenado por fraude processual exatamente porque teria inserido o número máximo de pessoas possível na casa noturna depois do fato**.[75]

---

[74] TJRS, 1º Juizado da 1ª Vara do Júri de Porto Alegre, Processo nº 001/2.20.0047171-0, Depoimento em Plenário, disponível em https://www.youtube.com/watch?v=2Vz8ulFPhU4, 2:07:04 a 2:08:02 (Identificação: Caso Boate Kiss – dia 7 Turno Noite).

[75] TJRS, 1ª Vara Criminal da Comarca de Santa Maria, Processo nº 027/2.13.0006197-6, sentença de 27/08/2015.

Outro dado incontroverso é o da existência de Alvará (Licença de Operação). Funcionários da Prefeitura Municipal de Santa Maria estiveram na boate Kiss em 19/04/2012, ou seja, 09 (nove) meses e 08 (oito) dias antes do incêndio, para vistoria. O Alvará de regularidade para o funcionamento do estabelecimento foi emitido logo na sequência do procedimento de fiscalização.[76]

Lembro, ainda, que o Ministério Público de Santa Maria foi informado, durante o Inquérito Civil, (a) do fechamento das janelas basculantes; (b) da instalação do isolamento acústico com lã de rocha entre placas de gesso; (c) da utilização de portas de madeira, metais revestidos com espumas isolantes e couro; e (d) da construção da parede interna com isolamento. Todas essas reformas cientificadas ao Ministério Público objetivaram reduzir o volume de som e ocorreram em 2010, antes de Elissandro assumir integralmente a administração da boate, e em 2011, quando passa a atuar sob a permissão do órgão executivo e assinado, posteriormente, o Termo de Ajustamento (TAC).

A espuma que teria dado causa ao incêndio era de uso conhecido pelo Ministério Público de Santa Maria. André Veneroso Ramos, proprietário da Bohemia (The Holy Pub), relatou em depoimento ter comprado a boate regularizada, e que o Ministério Público aprovou o isolamento acústico indicado pelo engenheiro Samir Samara que previa espuma em 30% do teto do estabelecimento.[77] O projeto apresentado pelo engenheiro Samir Samara, acostado aos autos e mostrado em plenário, refere explicitamente a instalação de painel Sonex com 50 mm de espessura.[78]

Destaco: <u>o uso desta espuma era frequente, não apenas na Kiss, mas em outras casas noturnas de Santa Maria como Ballare, Bohemia e Museu.</u> A testemunha Nilvo, dono da Ballare, disse que na segunda-feira após o fato determinou a retirada do mesmo produto (Sonex) que revestia os fundos do palco de sua casa de festas por temer represálias e repercussão negativa na opinião pública. Disse que, naquele momento, **não tinha preocupação com as autoridades e com a fiscalização, até porque na quarta-feira anterior ao incêndio, ou seja, em 23/01/2013, os bombeiros teriam realizado procedimento** *in loco* **para renovação do Alvará e tinham identificado o uso da espuma.**[79]

---

[76] TJRS, 1ª Vara Criminal da Comarca de Santa Maria, Processo n° 027/2.13.0000696-7, fls. 458-459.

[77] Idem, fl. 2.511.

[78] Idem, fls. 2.518-2.523.

[79] TJRS, 1° Juizado da 1ª Vara do Júri de Porto Alegre, Processo n° 001/2.20.0047171-0, Depoimento em Plenário, disponível em https://www.youtube.com/watch?v=2Vz8ulFPhU4, 1:57:56 a 1:59:40 (Identificação: Caso Boate Kiss – dia 7 Turno Noite).

Para fiscalizar o acordo, em março de 2012, o Ministério Público designa um assessor para verificar a conclusão das obras na Kiss e a sua adequação ao projeto anexado ao TAC. Na ocasião, foi possível verificar a presença das barras nas portas, das espumas, dentre outras melhorias que posteriormente se converteram em justificativa para a imputação dos homicídios dolosos.

Diante de todas essas circunstâncias fáticas que *atestavam a regularidade da casa noturna* (PPCI, Alvará, TAC, procedimentos fiscalizatórios e projetos elaborados e executados por engenheiros com expertise) e, em decorrência da *exigência e concordância das autoridades públicas com as reformas realizadas* (uso das espumas, colocação de barras de ferro para organizar entrada e saída, informe sobre lotação), é fundamental indagar qual o grau de reprovabilidade de Elissandro. Ao afastar a tese do erro de proibição invencível, o Conselho de Sentença confirmou que Elissandro tinha potencial consciência da ilicitude, sendo exigível outro comportamento. Mas a negativa da tese da invencibilidade do erro não exime o julgador de analisar os mesmos fatos para dimensionar a censura.

2.10. A exigência de fiscalização de certas atividades por órgãos especializados e a delegação de decisões à administração, especialmente em áreas de segurança coletiva (ambiental e sanitária, p. ex.), objetiva regular e prevenir riscos. Materializa o que se convencionou denominar de *princípio da precaução* que "tem por objetivo vincular a administração pública a atos de controle sobre certas situações que podem ou não implicar uma lesão ou perigo ao bem jurídico".[80]

Indagar a reprovabilidade frente aos dados apresentados me parece pertinente não apenas porque **Elissandro, por orientação e sob a fiscalização do Poder Público, cumpriu todas as ordens destinadas à prevenção de riscos**, mas sobretudo porque o uso de determinados produtos (espuma), a realização de determinadas alterações (colocação das barras de ferro) e o (não)estabelecimento de certas regras (lotação), todas de ciência das autoridades (destaco vez mais), justificaram posterior imputação de delito. A acusação é explícita ao vincular (nexo causal) as reformas (fiscalizadas pelas autoridades) ao resultado final (incêndio no prédio e a morte de inúmeras pessoas). Reformas que não seriam, logicamente, *causas suficientes*, visto a importância de outras concausas preexistentes e concomitantes (uso de artefato pirotécnico pela banda; ausência de treinamento do pessoal;

---

[80] TAVARES, Juarez. *Fundamentos de Teoria do Delito*. Florianópolis: Tirant lo Blanch, 2018, p. 236.

ordem de não evacuação), mas que foram apontadas na denúncia e na decisão como causas necessárias, pois sem elas a extensão do resultado seria inferior (menor número de mortes).

Dentre todas as concausas, o uso do artefato pirotécnico é evidentemente o fator mais relevante. Outras circunstâncias exploradas pela acusação foram esclarecidas na instrução e em plenário, como a comprovação da responsabilidade de treinamento do pessoal pela empresa contratada (equipe de segurança terceirizada) e a demonstração da **inveracidade da ordem de impedimento da saída das pessoas até o pagamento das despesas** (narrativa que ganhou dimensões fantasiosas ou, nos termos do voto do Des. Jayme Weingartner Neto, *"artificiosa e excessiva"*).[81] De qualquer forma, todas são circunstâncias presentes e enlaçadas na acusação, conforme a individualização das condutas de Elissandro e Mauro pelo Ministério Público na inicial:

> "Os denunciados MAURO e ELISSANDRO concorreram para o crime, implantando em paredes e no teto da boate espuma altamente inflamável e sem indicação técnica de uso, contratando o show descrito, que sabiam incluir exibições com fogos de artifício, mantendo a casa noturna superlotada, sem condições de evacuação e segurança contra fatos dessa natureza, bem como equipe de funcionários sem treinamento obrigatório, além de prévia e genericamente ordenarem aos seguranças que impedissem a saída de pessoas do recinto sem pagamento das despesas de consumo na boate, revelando total indiferença e desprezo pela vida e pela segurança dos frequentadores do local, assumindo assim o risco de matar".[82]

A reflexão que proponho, portanto, considerando a relevância imposta às circunstâncias pela acusação, é se seria possível *realizar um adequado juízo de censura desconsiderando dados fáticos que evidenciam ter Elissandro cumprido todas as ordens de precaução emitidas pelas autoridades públicas*?

Os jurados descartaram a eximente, apresentada em plenário, do erro de proibição. Trata-se de tema superado em razão da soberania constitucional do julgamento pelo Tribunal Popular. No entanto, suas circunstâncias são imprescindíveis para se ponderar a censura das condutas de Elissandro (juízo de culpabilidade). Mormente quando se percebe que **é a atitude de cuidado ou indiferença dos acusados frente aos riscos o real fundamento da acusação.**

---

[81] TJRS, 1º Câmara Criminal, Recurso em Sentido Estrito nº 70071739239, Rel. Des. Manoel José Martinez Lucas, Declaração de voto Des. Jayme Weingartner Neto, j. 22/03/2017, fl. 88.

[82] TJRS, 1º Juizado da 1ª Vara do Júri de Porto Alegre, Processo nº 001/2.20.0047171-0, fls. 06.

Toledo ensina que a culpabilidade normativa estabelecida no Código Penal se afasta da ideia de que a gravidade da pena é estabelecida exclusivamente pela extensão objetiva do dano causado. Trata-se, segundo o autor, de um "cego direito penal do resultado", aquele no qual o dano causado é o parâmetro central para determinação da pena, e não a exteriorização de uma vontade humana reprovável. São sistemas autoritários em que os únicos limites à punição são o "clamor popular" e a razão de Estado.

"A atenção da comunidade se concentra sobre a causação do fato e não sobre a culpabilidade do agente. Em um tal direito penal, a punição de fatos danosos, ou do mero perigo de dano, só encontra limites nos preconceitos tribais, ou na 'razão de Estado'. A responsabilidade penal é objetiva. A gravidade da pena se relaciona diretamente com a extensão objetiva do dano causado".[83]

De outra ordem é um direito penal democrático, nos termos estabelecidos na Constituição e no Código Penal, orientado à responsabilização do agente na medida da sua culpabilidade, ou seja, "se estiver ele dotado da capacidade de entender e de determinar-se e se tiver falhado, de modo censurável, na utilização dessa capacidade".[84]

Infelizmente, a sentença se afasta dessas premissas. Desconhece todos os dados concretos que falam sobre a formação intelectual e o investimento, não apenas financeiro, de Elissandro na precaução de riscos. Desconsidera que, em razão da falta de experiência e da sua insuficiente formação, contrata profissionais especializados e <u>cumpre todas as determinações do Poder Público</u>, dos órgãos técnicos responsáveis por avaliar a adequação (prevenção). Ignora em absoluto o sujeito em julgamento, despreza o seu histórico de trabalho para regularização da casa noturna e, além disso, inverte em seu desfavor a prova produzida nos autos para afirmar que "determinaram a instalação, em paredes e no teto da boate, de espuma altamente inflamável, olvidando indicações técnicas de uso que, em sua condição empresarial, deveriam obedecer".[85] Conforme antecipei, trata-se de um <u>juízo retrospectivo (ou, na palavras do Promotor de Justiça Ricardo Lozza, de "profecia do acontecido"</u>) que ignora o sujeito e o contexto das regras de autorização e dos procedimentos de fiscalização no momento do fato.

---

[83] TOLEDO, Francisco de Assis. *Princípios Básicos de Direito Penal*. 5. ed. São Paulo: Saraiva, 2015, p. 255.

[84] Ibidem.

[85] TJRS, 1º Juizado da 1ª Vara do Júri de Porto Alegre, Processo nº 001/2.20.0047171-0, Sentença, fl. 19.

Ademais, para justificar a elevação da pena-base, parece confundir propositalmente as consequências do delito (resultado danoso), de natureza objetiva, com o que seria o juízo de culpabilidade, convertido (equivocadamente, repito) em dolo eventual, de natureza subjetiva: "(...) um caso como o presente, é preciso referir que se está diante da morte de mais de duzentas e quarenta pessoas, circunstância que, na órbita do dolo eventual, já encerra imensa gravidade (...)".[86]

Destaco, ainda, em forma de síntese, argumentos que inclusive já foram enfrentados pelo TJRS: (*primeiro*) os elementos de prova atestam a regularidade do estabelecimento e cumprimento dos requisitos legais exigidos pelas autoridades públicas; (*segundo*) o conjunto probatório indica a ciência e a anuência do Poder Público com as reformas realizadas na casa noturna; e (*terceiro*) o artefato pirotécnico já havia sido utilizado anteriormente sem qualquer incidente.[87] Significa dizer que, frente aos dados consolidados, *a ausência de real previsibilidade e a não-indiferença e a não-aceitação do resultado como provável*[88] **devem impactar a graduação da pena. Em decorrência das autorizações e das fiscalizações dos órgãos competentes, era totalmente admissível pressupor que as reformas realizadas estavam adequadas aos critérios de prevenção exigidos.**[89]

Apontados os elementos da culpabilidade normativa que devem nortear a graduação da sanção, indicados os dados fáticos que podem dar suporte ao juízo de censura e demonstrado o equívoco do raciocínio exposto na sentença, considero que deva ser compreendida a **circunstância judicial culpabilidade como favorável ou no mínimo neutra para a determinação da pena-base.**

Por outro lado, embora o Conselho de Sentença não tenha admitido o erro de proibição exculpante levantado pela defesa técnica, em

---

[86] TJRS, 1º Juizado da 1ª Vara do Júri de Porto Alegre, Processo nº 001/2.20.0047171-0, Sentença, fl. 10.

[87] "(...) dito estabelecimento vinha funcionando regularmente, mas com pendências, sem qualquer óbice por parte das autoridades encarregadas de fiscalização, inclusive porque já havia sido exibido o 'show' pirotécnico, sem nenhum incidente, constituem dados que informam agir culposo em sentido estrito a ser examinado pelo juiz singular competente." (TJRS, 1º Grupo Criminal, Embargos Infringentes nº 70075120428, Rel. Des. Victor Luiz Barcellos Lima, j. 1º/12/2017).

[88] "Conduta dolosa que, à luz do disposto no art. 18, I, do CP, exige a manifestação da vontade em relação ao resultado morte. Assumir o risco de produzir a morte significa aprovar o resultado, o que não restou evidenciado nos autos." (TJRS, 1º Grupo Criminal, Embargos Infringentes nº 70075120428, Rel. Des. Victor Luiz Barcellos Lima, j. 1º/12/2017).

[89] Ensina Reale Júnior que "quando o agente é induzido pela autoridade ou por decisão judicial para a prática de uma ação, surge, no espírito do agente, a justa expectativa de não ser a ação proibida" (REALE JÚNIOR, Miguel. *Código Penal Comentado*. São Paulo: Saraiva, 2017, p. 91).

razão de os indicativos fáticos sobre a consciência da regularidade da conduta informarem o conteúdo jurídico da culpabilidade normativa, não há quaisquer óbices que justifiquem o reconhecimento da modalidade vencível pelo juiz na aplicação da pena. Inclusive porque a causa de redução da pena do erro de proibição vencível (art. 21, *caput*, *in fine*, do Código Penal) nada mais é do que uma espécie do gênero da circunstância judicial culpabilidade. Em razão desta especialidade, as regras do concurso aparente de normas indicam que deva preponderar (impacto na pena definitiva).

Lembro que a defesa técnica, em plenário, objetou a não quesitação da minorante. Neste ponto, duas seriam as soluções possíveis: (*primeira*) se o entendimento é o de que se trata de quesito obrigatório, a nulidade deve ser declarada; ou, do contrário, (*segunda*) se prevalecer a compreensão de ser mera irregularidade, esta deve ser sanada com a aplicação do redutor do art. 21, *caput*, na pena definitiva. Alternativas que reforçam o argumento de que a culpabilidade de Elissandro não pode ser considerada desfavorável na pena-base.

(d) Se possível valorar dolo na culpabilidade, quais os elementos a serem valorados? Sobre a exclusão do elemento volitivo ("dolo sem vontade") para justificar maior reprovabilidade ao dolo eventual

2.11. Conforme antecipado, parte da doutrina e da jurisprudência entende que, apesar da normativização da culpabilidade, é legítima (e inclusive necessária) a análise do dolo e da culpa na pena-base. Importantes autores seguem esse posicionamento – dos quais discordo, sublinho. E esta variável não pode ser simplesmente descartada por "divergência teórica".

Juarez Tavares, agregando aos elementos anteriormente elencados relacionados às experiências de vida do réu, sustenta que "igualmente se congregam no âmbito da avaliação da autonomia as relações volitivas do agente para com o fato: se o agente, dessa forma, agiu com dolo direto ou eventual. Isso não implica restaurar a antiga redação do art. 42 do CP, em sua versão originária, que fazia menção à intensidade do dolo e aos graus de culpa. Antes, esse artigo incluía o dolo no âmbito dos próprios fundamentos da culpabilidade; agora, a referência às espécies de dolo indica a forma como o agente se relacionou concretamente com o fato, segundo as perspectivas da produção do resultado".[90] Cezar Bitencourt afirma que "o dolo que agora se encontra localizado no tipo penal – na verdade em um dos elementos do tipo, qual seja, a ação – pode e deve ser aqui considerado para avaliar o grau de censura da ação tida como típica e antijurídica: quanto mais intenso for o dolo, maior será a censura; quanto menor a sua intensidade, menor será a censura".[91]

O problema, note-se, não é apenas o de aceitar ou não a valoração do dolo na pena-base. Embora a posição negativa, no meu entender, seja a mais lógica, a corrente que a considera possível é amparada por argumentos convincentes. A questão é que, <u>mesmo se o julgador optasse por analisar o dolo, a conclusão deveria ser outra</u>, visto inaceitável, mesmo excepcionalmente, a hipótese eventual ser mais reprovável que a direta.

O que torna o dolo direto mais censurável que o dolo eventual é, fundamentalmente, a presença do elemento *vontade*. Se o dolo direto se caracteriza pela consciência e vontade de realizar os elementos objetivos do tipo, tendo como objetivo final a lesão do bem jurídico,[92] é o direcionamento da vontade a variável diferenciadora e que justifica maior reprovabilidade. No dolo direto, a causalidade é *orientada* livre e espontaneamente ao resultado lesivo; no dolo eventual, a vontade se situa fora do âmbito do tipo executado ("vontade atípica").[93] Embora tenha o autor a *representação* (consciência) de um resultado típico, sua concretização só ocorre em razão de um consentimento (anuência), não de uma vontade predeterminada. É o fato de o agente não desejar as consequências previstas como possíveis que *particulariza* e, ao mesmo tempo, *diferencia* o dolo eventual do dolo direto. Mas esta diferença não é apenas na configuração típica, pois a ausência da vontade,

---

[90] TAVARES, Juarez. Culpabilidade e Individualização da Pena. In: NASCIMENTO, André (org.). *Cem Anos de Reprovação*: uma contribuição transdisciplinar para a crise da culpabilidade. Rio de Janeiro: Revan, 2011, pp. 142-143.

[91] BITENCOURT, Cezar Roberto. *Tratado de Direito Penal*: parte geral. v 1. 26. ed. São Paulo: Saraiva, 2020, pp. 1.834-1.835.

[92] TAVARES, Juarez. *Fundamentos de Teoria do Delito*. Florianópolis: Tirant lo Blanch, 2018, p. 249.

[93] Apesar de o resultado executado sob o consentimento seja sempre típico, Luisi lembra que o fim visado pelo agente no dolo eventual pode ser típico ou extratípico: "pode ocorrer esta forma de dolo tanto quando o fim visado pelo agente é, penalmente, típico, como quando a intenção do agente se dirige a um resultado extratípico. O dolo eventual pode ocorrer quando o agente está caçando e visa atingir um veado [fim extratípico] que está nas proximidades de uma pessoa, e admite a possibilidade de acertar na pessoa, embora não o desejando, como quando o agente pretende destruir vidraças [fim típico] de uma propriedade alheia, em cujas vizinhanças se encontra Caio, admite a possibilidade de atingir essa pessoa, produzindo-lhe lesão corporal" (LUISI, Luiz. *O Tipo Penal, a Teoria Finalista e a Nova Legislação Penal*. Porto Alegre: Fabris, 1987, p. 67).

elemento central do dolo direto, impõe uma censura menor ao dolo eventual (desigual desvalor da ação).

O mesmo argumento é o que justifica a díspar graduação de pena para o dolo eventual e a culpa consciente. Os elementos que compõem essas formas de tipicidade subjetiva (dolo eventual e a culpa consciente) são idênticos – (a) ausência de vontade típica; (b) representação do resultado típico como efeito colateral da conduta; (c) ponderação da forma de condução dos meios eleitos. O diferencial, que resulta em uma reprovabilidade própria expressa no preceito secundário dos tipos penais, é a **anuência** ou o **dissenso** quanto às consequências previstas. É esse "detalhe" que no homicídio eleva a pena mínima de 1 (um) ano e máxima de 3 (três) anos da modalidade culposa (art. 121, § 3º, Código Penal) para a variação de 6 (seis) a 20 (vinte) na sua forma dolosa (art. 121, *caput*, Código Penal).

A ausência do elemento central do dolo direto (vontade) não permite, pois, sua equiparação com o dolo eventual. Ocorre que se não há, na lei penal (criminalização primária), penas autônomas, cabe ao julgador, no caso concreto (criminalização secundária), realizar o juízo de adequação das penas, em nome do imperativo da proporcionalidade. Inclusive porque a falta de diferenciação legal não justifica a omissão judicial em individualizar a graduação punitiva, aplicando sanções autônomas para situações concretamente ímpares. **A necessidade de valorações independentes decorre dessa distinta postura do agente em relação ao resultado.** Há dúvida de que *desejar uma consequência típica* é mais censurável do que *consentir com um resultado possível*? Talvez, no máximo, as posturas possam ser equiparadas. Mas reverter a graduação, valorando o consentimento de forma mais aguda do que a vontade, parece ser um excesso inaceitável em termos dogmáticos.

No ponto, Tatiana Stoco sintetiza os modelos teóricos que distinguem *quantitativamente* o dolo direto do dolo eventual:

"Afirma-se que no dolo eventual haveria um componente a menos, a ausência de *vontade* e isso caracterizaria uma forma de dolo menos intensa. (...) Um crime praticado sem o propósito de realização do resultado, mas apenas com a mera representação dele como possível e o consentimento quanto à sua eventual ocorrência parece merecer menos reprimenda do que um crime desejado e representado com segurança pelo agente. (...) Uma possibilidade de redução de pena, neste sentido, poderia ser sustentada em razão deste menor conteúdo de injusto.

Um outro argumento a favor da distinção qualitativa, com reflexos na pena, entre dolo eventual e dolo direto é sustentado por Hörnle, e se centra no seu componente volitivo: o dolo eventual conteria uma menor carga de injusto pois, da perspectiva da vítima, um crime praticado com *vontade de atingir a finalidade* seria mais perigoso, em uma perspectiva *ex ante*".[94]

2.12. Indagação pertinente, portanto, seria *como o julgador conduziu seu argumento de forma a reconhecer maior reprovabilidade ao dolo eventual?*

Após refutar explicitamente a culpabilidade normativa objetivando examinar o dolo na pena-base, o magistrado inicia exposição para "(...) colocar em xeque uma concepção de dolo que esteja calcada na vontade".[95] Questiona a necessidade de indagar o "querer" do agente (elemento volitivo) e ressalta a centralidade de outros elementos como "indiferença" e "desinteresse frente aos valores comportados pelo Direito"[96] para, em seu juízo, demarcar as fronteiras entre dolo e culpa e, ao mesmo tempo, equiparar dolo eventual e dolo direto. Amparado no que qualifica como "modernas correntes", sobrecarrega o elemento cognitivo em detrimento do volitivo sob o argumento da imprecisão, incalculabilidade e incerteza daquilo que seria erroneamente concebido como um "fato psicológico". Conclui que o dolo seria atribuído pelo juiz, e não verificado na experiência humana.

> "Muito ao contrário, portanto, o dolo vem de fora, num juízo de atribuição que se faz a respeito de tal ou qual conduta. Como leciona Marteleto Filho: 'o dolo é um juízo, e não um 'objeto' de valoração'; de maneira que 'a imputação do dolo nunca é, portanto, um simples derivado de processos psicológicos'. Puppe, na mesma direção, aponta que a inserção naquilo que se passava internamente nas reflexões do agente é uma quimera, de forma que a asserção do juiz no sentido de que o agente aceitou ou não o resultado 'não pode ser compreendida como a asserção acerca de um fato psicológico. É, na realidade, uma atribuição'.
>
> Importante destacar que essas modernas correntes, tendentes à análise do dolo com ênfase no que tem de cognitivo, indicam, com precisão, a base de que partem, e é essa mesma base que se mostra crucial para este momento de aplicação da pena (...). Assim, segundo diz, a imputação a

---

[94] STOCO, Tatiana. *Culpabilidade e Medida da Pena*: uma contribuição à teoria da aplicação da pena proporcional ao fato. São Paulo: Marcial Pons, 2020, pp. 141-142.

[95] TJRS, 1º Juizado da 1ª Vara do Júri de Porto Alegre, Processo nº 001/2.20.0047171-0, Sentença, fl. 07.

[96] Idem, fls. 06-07.

título de dolo não tem relação com a postura volitiva psíquica do indivíduo, pois dolo não é vontade, dolo é representação".[97]

Sob a premissa de um "dolo desprovido de vontade", elimina o critério diferenciador entre as espécies, o que lhe autoriza aplicar uma imoderada punição à modalidade eventual. Lembro que, a partir da decisão do STJ, o Conselho de Sentença foi instado a deliberar sobre a imputação subjetiva, ou seja, coube aos juízes leigos a definição de o homicídio ser na modalidade culposa (culpa consciente) ou dolosa (dolo eventual). Por outro lado, decorrente do entendimento do TJRS e também do STJ, foi excluída a hipótese de deliberação sobre o dolo direto e a quesitação das suas formas qualificadas.

Significa dizer: (*primeiro*) a imputação do dolo direto, inclusive em sua forma qualificada, foi expressamente vedada pelo TJRS e pelo STJ; e (*segundo*) a modalidade do dolo eventual, após a deliberação dos jurados, foi uma realidade predeterminada da qual o magistrado não poderia se afastar. Neste cenário, não parece incorreto sustentar que (*terceiro*) a discussão sobre *a possibilidade de equiparação qualitativa ou quantitativa entre as espécies do dolo era incabível* ao ator sentenciante.

O empreendimento argumentativo realizado pelo julgador merece reflexão sobretudo pelo efeito concreto da funcionalização (melhor seria *instrumentalização*) político-criminal do dolo, que foi a sobrecarga punitiva. No ponto parece não haver dúvida de que o objetivo principal da equiparação do dolo direto ao dolo eventual, via exclusão do elemento volitivo, foi o do agravamento (irregular) da pena-base.

2.13. A questão, porém, é que, para além do evidente esforço retórico realizado na sentença e das inúmeras conjecturas acadêmicas sobre o tema do "dolo sem vontade" – as últimas justificáveis, sublinho, pois decorrentes de naturais tensões teóricas e experimentações dogmáticas inerentes à atividade científica –, a aplicação da tese esbarra no *limite da legalidade*. Ainda mais quando inovações desta ordem implicam sobrecargas sancionatórias – como se sabe, em sentido oposto, o sistema normativo admite e, em alguns casos, incentiva a materialização das categorias do delito e dos critérios de punibilidade.[98]

Luís Greco, catedrático de Direito Penal da Universidade Humboldt (Berlim) e um dos defensores da tese do "dolo sem vontade",

---

[97] TJRS, 1º Juizado da 1ª Vara do Júri de Porto Alegre, Processo nº 001/2.20.0047171-0, Sentença, fl. 11.

[98] Sobre o tema, exemplificativamente, CARVALHO, Salo de. A Materialização da Antijuridicidade na Dogmática Jurídico-Penal: análise desde a teoria crítica do delito. *Revista da Faculdade de Direito da UFMG*, n. 76, 2020, pp. 411-442.

parece reconhecer esse caráter eminentemente *especulativo* do debate, visto que certas realidades normativas como a brasileira e a portuguesa definem de modo expresso o dolo e determinam o seu conteúdo. O exercício que Greco realiza em relação ao Código Penal de Portugal pode, portanto, ser reaplicado no caso brasileiro, não sendo excessivo lembrar que o nosso Código Penal *conceitua* e *diferencia* os tipos dolosos: (*primeiro*) dolo direto "quando o agente <u>quis</u> o resultado" (art. 18, I, primeira parte, Código Penal, grifei); e (*segundo*) dolo eventual, quando o agente "assumiu o risco de produzi-lo" (art. 18, I, segunda parte, Código Penal).

A conclusão é evidente: a vontade ("querer") é elemento constitutivo do dolo segundo a lei penal brasileira, e a sua exclusão não pode redundar em interpretação ou aplicação prejudicial a quaisquer acusados.

Discutir a adequação do elemento vontade e, inclusive, a necessidade de a legalidade definir o conteúdo do dolo é um exercício possível nas esferas acadêmica e judicial, desde que não implique situações desfavoráveis às pessoas sob julgamento. Nenhum requisito legal (garantia) pode ser anulado ou flexibilizado por interpretação judicial segundo as diretivas elementares do Direito Penal nos Estados Democráticos. Seguindo tais premissas é que Greco propõe um *debate científico* sobre o conteúdo do dolo.

"(...) a existência de semelhante dispositivo legal [art. 14 do Código penal português] faria de um artigo intitulado 'dolo sem vontade' um empreendimento duvidoso. Se for verdade que 'onde o legislador fala, a filosofia cala', parece não haver mais qualquer lugar para filosofarmos sobre o conceito de dolo. [Mas] (...) a dogmática do direito penal é ciência jurídica, e não mero saber legal – Rechtswissenschaft e não apenas Gesetzeskunde. De uma tal perspectiva, a <u>decisão do legislador</u> não significa o fim, e sim o início da filosofia, cuja tarefa passa a ser descobrir se essa decisão está arrimada apenas na *autoritas* do poder de quem decide, ou também na *veritas* das razões que a justificam. Ou seja, ainda que o legislador português [e brasileiro, incluo] tenha decidido qual o conteúdo do dolo, <u>aos olhos da ciência jurídica permanece em aberto a questão quanto a se essa decisão é ou não correta, se ela está ou não justificada</u>".[99]

Neste ponto, é importante ressaltar a seriedade com que o catedrático de Berlim tratou das possíveis consequências político-criminais da tese do "dolo sem vontade" – perspectiva que particularmente

---

[99] GRECO, Luís. Dolo sem Vontade, In: SILVA Dias, Augusto *et al* (coords.). *Liber Amicorum de José de Sousa e Brito*. Coimbra: Almedina, 2009, pp. 885-886 (grifei).

discordo, apontando como fundamento desta oposição as substanciais críticas apresentadas por Zaffaroni/Batista[100] e, mais especificamente, por Juarez Tavares.[101] As premissas estabelecidas pelo autor são (*primeira*) o dolo é sustentado exclusivamente no conhecimento; (*segunda*) o elemento cognitivo é o que geraria o domínio; (*terceiro*) o domínio justifica o tratamento mais severo dispensado aos casos de dolo; e, em consequência, (*quarto*) é inapropriado diferenciar dolo direto de dolo eventual.[102] Mas Greco, apesar do convencimento teórico acerca da ausência de vontade no dolo, ao coordenar a proposta alternativa para reforma do Código Penal, apresentada à Comissão de Constituição e Justiça do Senado Federal, em 2017, no contexto das discussões sobre o PLS 236/12, manteve intacta a redação do art. 18, I.

Segundo os autores da proposta, só seriam objeto de reforma temas nos quais seria possível verificar "relativo consenso", soluções que apresentassem "estabilidade dogmática", "(...) razão pela qual não oferecemos soluções novas aos dispositivos da causalidade (art. 13, *caput* e § 1º) e da omissão imprópria (art. 13, § 2º), não tocamos na definição do dolo e da culpa (art. 18) ou da tentativa e da desistência (arts. 14 e ss.), e não sugerimos dispositivo sobre o concurso de leis penais ou sobre o consentimento".[103]

Sustentam Greco/Horta/Leite/Teixeira/Quandt que as "opiniões doutrinárias" devem ser defendidas no "fórum competente", qual seja, o acadêmico:

> "Temas sobre os quais repousam ainda viscerais incertezas foram relegados, em forma de convocação, à nossa doutrina, que deve cumprir seu mister de guiar a atividade do intérprete (...). Da mesma forma, temas polêmicos, que exigem discussões pormenorizadas, ou que permitem alteração posterior que não agrida a sistematicidade adotada (...) foram deliberadamente deixados de lado".[104]

Nota-se, pois, que um dos mais expressivos autores da tese do "dolo sem vontade", exatamente em razão de o tema ainda deman-

---

[100] ZAFFARONI, Eugenio Raúl; Batista, Nilo. *Direito Penal Brasileiro*. v. 2, t. 1. Rio de Janeiro: Revan, 2010, pp. 100-112 (especialmente) e pp. 270-285.

[101] Neste sentido, conferir sobretudo TAVARES, Juarez. *Fundamentos de Teoria do Delito*. Florianópolis: Tirant lo Blanch, 2018, pp. 253-266.

[102] GRECO, Luís. Dolo sem Vontade, In: SILVA Dias, Augusto *et al* (coords.). *Liber Amicorum de José de Sousa e Brito*. Coimbra: Almedina, 2009, p. 903.

[103] GRECO, Luís *et al*. *Parte Geral do Código Penal*: uma proposta alternativa para debate. São Paulo: Marcial Pons, 2017, p. 21 (grifei) [acesso disponível em https://www.conjur.com.br/dl/proposta-alternativa-reforma-parte.pdf].

[104] Ibidem.

dar amadurecimento, pois instável no plano dogmático, manteve uma correta prudência no campo político-criminal. O senso de responsabilidade que orientou os proponentes da reforma está sintetizado na epígrafe do projeto, quando invocam Goldschmidt: "só se pode recomendar como lei para o próprio povo aquilo que integra o estado seguro de reflexão científica, da mesma forma que o médico só pode prescrever ao doente medicamentos testados e aprovados".[105] Postura de cuidado frente a eventuais efeitos colaterais danosos que parece não ter sido respeitada pelo julgador.

Lembro os ensinamentos de Weber: a ciência é uma vocação configurada pela ética da *responsabilidade*; a política é que é orientada pela *convicção*.[106] E decisão judicial carente de responsabilidade e fundada em convicções é decisionismo (Ferrajoli).[107]

2.14. A barreira da legalidade, que impede os efeitos punitivos propostos na sentença em razão da proposição do "dolo sem vontade", não se restringe, na atualidade do ordenamento jurídico nacional, à diretriz do art. 18, I, primeira parte, do Código Penal. A nova regulamentação da improbidade administrativa, estabelecida pela Lei 14.230/21, é particularmente elucidativa.

Em razão do caráter punitivo das sanções, a doutrina especializada considerava imprescindível para a caracterização da improbidade administrativa a verificação do elemento subjetivo, notadamente para que fosse possível distinguir a irregularidade promovida pelo administrador inábil do ilícito praticado pelo gestor desonesto, desprovido de lealdade e boa-fé – "a caracterização do ato de improbidade que acarreta enriquecimento ilícito depende, necessariamente, da

---

[105] GRECO, Luís et al. *Parte Geral do Código Penal*: uma proposta alternativa para debate. São Paulo: Marcial Pons, 2017, p. 05.

[106] WEBER, Max. *Ciência e Política*: duas vocações. São Paulo: Cultrix, 1993, pp. 45-52.

[107] "O decisionismo é o efeito da falta de fundamentos empíricos precisos e da consequente subjetividade dos pressupostos da sanção nas aproximações substancialistas e nas técnicas conexas de prevenção e de defesa social. Esta subjetividade se manifesta em duas direções: por um lado, no caráter subjetivo do tema processual, consistente em fatos determinados em condições ou qualidades pessoais, como a vinculação do réu a 'tipos normativos de autor' ou sua congênita natureza criminal ou periculosidade social; por outro lado, manifesta-se também no caráter subjetivo do juízo, que, na ausência de referências fáticas determinadas com exatidão, resulta mais de valorações, diagnósticos ou suspeitas subjetivas do que de provas de fato. O primeiro fator de subjetivação gera uma perversão inquisitiva do processo, dirigindo-o não no sentido da comprovação de fatos objetivos (ou para além dela), mas no sentido da análise da interioridade da pessoa julgada. O segundo degrada a verdade processual, de verdade empírica, pública e intersubjetivamente controlável, em convencimento intimamente subjetivo e, portanto, irrefutável do julgador" (FERRAJOLI, Luigi. *Direito e Razão*: teoria do garantismo penal. 3. ed. São Paulo: Revista dos Tribunais, 2002, p. 37).

comprovação do dolo do agente público ou do particular (terceiro). Vale dizer: a mera configuração da culpa não é suficiente para aplicação do art. 9º da LIA, revelando-se imprescindível a comprovação da intenção do agente ou do terceiro em obter vantagem patrimonial que sabe ser indevida".[108] Assim, apesar de algumas intercorrências, a jurisprudência do STJ se estabilizava no sentido de compreender a improbidade administrativa como uma espécie de ilegalidade qualificada pela intenção (dolo).

A Lei 14.230/21, que alterou o regime da Lei 8.429/92, não apenas impõe como requisito para configuração da improbidade o elemento subjetivo, como define expressamente dolo como "vontade livre e consciente de alcançar o resultado ilícito tipificado". Além disso, destaca que para a atribuição da responsabilidade pelas condutas previstas nos arts. 9º, 10 e 11 não é suficiente a mera "voluntariedade do agente".

"Art. 1º (...). § 1º. Consideram-se atos de improbidade administrativa as condutas dolosas tipificadas nos arts. 9º, 10 e 11 desta Lei, ressalvados tipos previstos em leis especiais.

§ 2º. Considera-se **dolo a vontade livre e consciente de alcançar o resultado ilícito tipificado** nos arts. 9º, 10 e 11 desta Lei, não bastando a voluntariedade do agente.

§ 3º. O mero exercício da função ou desempenho de competências públicas, sem comprovação de ato doloso com fim ilícito, afasta a responsabilidade por ato de improbidade administrativa." (Lei 14.230/21, grifei).

A (nova) Lei de Improbidade Administrativa, para além dos seus inquestionáveis vínculos com a matéria penal, renova e reforça a compreensão posta na reforma de 1984 em relação ao conteúdo do dolo (consciência e vontade; elementos cognitivo e volitivo), pois determina que o acusador, na inicial da ação civil pública, aponte as provas relacionadas ao elemento subjetivo do ilícito.[109] Independente da

---

[108] NEVES, Daniel Amorim Assumpção; OLIVEIRA, Rafael Carvalho Rezende. *Manual de Improbidade Administrativa*: direito material e processual. 6 ed. Rio de Janeiro: Forense, 2018, p. 118.
No mesmo sentido, conforme indicação de Neves/Oliveira, posiciona-se a doutrina majoritária: FIGUEIREDO, Marcelo. *Probidade Administrativa*. 6. ed. São Paulo: Malheiros, 2009, p. 78; GOMES JUNIOR, Luiz Manoel; FAVRETO, Rogério. *Comentários à Lei de Improbidade Administrativa*. São Paulo: Revista dos Tribunais, 2010, p. 108; GARCIA, Emerson; ALVES, Rogério Pacheco. *Improbidade administrativa*. 6. ed. Rio de Janeiro: Lumen Juris, 2011, p. 287; MARTINS JÚNIOR, Wallace Paiva. *Probidade administrativa*. 4. ed. São Paulo: Saraiva, 2009, p. 229; PAZZAGLINI FILHO, Marino. *Lei de Improbidade Administrativa Comentada*: aspectos constitucionais, administrativos, civis, criminais, processuais e de responsabilidade fiscal. 5. ed. São Paulo: Atlas, 2011, p. 45.

[109] "Art. 17. A ação para a aplicação das sanções de que trata esta Lei será proposta pelo Ministério Público e seguirá o procedimento comum previsto na Lei n º 13.105, de 16 de março de 2015

postura pessoal, das convicções teóricas, das opções político-criminais ou dos direcionamentos ideológicos, é **conteúdo determinado em lei**, que não se pode ignorar, mormente quando estabelece *requisitos* à imputação (subjetiva).

A conclusão é corroborada nas lições de Geraldo Prado: "o ponto central da análise, porém, transcende a controvérsia sobre se a 'vontade' deve ser desconsiderada para a determinação do 'dolo' no caso concreto, na medida em que, como referido no início deste capítulo, **não há alternativa ao juiz brasileiro que não seja tomar em consideração o critério legal do art. 18 do Código Penal e buscar nas provas produzidas pelas partes os elementos de convicção** que viabilizem decisões semelhantes ou idênticas em casos semelhantes ou idênticos".[110]

Acrescento que o art. 29, § 2º, do Código Penal, torna a indispensabilidade da vontade ainda mais evidente. Segundo o dispositivo, "se algum dos concorrentes **quis** participar de crime menos grave, ser-lhe-á aplicada a pena deste; essa pena será aumentada até metade, na hipótese de ter sido previsível o resultado mais grave" (grifei). O avanço em relação ao Código original foi notório. Na legislação anterior, focado apenas no resultado (desprezando a vontade, portanto), o concorrente respondia pelo crime mais grave e, apesar da atenuação da pena (art. 48, parágrafo único, Código Penal de 1940),[111] "(...) implicava necessariamente responsabilidade objetiva".[112] Com a reforma, no caso de o sujeito ter intenção de participar de crime menos grave, é essa a vontade que define a tipicidade da conduta, sendo a previsibilidade do resultado mais grave (aspecto cognitivo) um elemento lateral que modula a pena desde um preceito secundário já "desqualificado" (penas reduzidas). Notem-se os efeitos: (a) resultado mais grave do que o desejado (vontade), desclassificação da conduta; (b) na nova

---

(Código de Processo Civil), salvo o disposto nesta Lei.
(...) § 6º. A petição inicial observará o seguinte:
(...) II – será instruída com documentos ou justificação que contenham indícios suficientes da veracidade dos fatos e do dolo imputado ou com razões fundamentadas da impossibilidade de apresentação de qualquer dessas provas, observada a legislação vigente, inclusive as disposições constantes dos arts. 77 e 80 da Lei no 13.105, de 16 de março de 2015 (Código de Processo Civil)." (Lei 14.230/21, grifei).

[110] PRADO, Geraldo. A Prova do Dolo. In: SANTORO, Antonio Eduardo Ramires; MALAN, Diogo Rudge; MADURO, Flávio Mirza (orgs.). *Crise no Processo Penal Contemporâneo*: escritos em homenagem aos 30 anos da Constituição de 1988. Belo Horizonte: Editora D'Plácido, 2018, p. 191.

[111] "Se o agente quis participar de crime menos grave, a pena é diminuída de um terço até metade, não podendo, porém, ser inferior ao mínimo da cominada ao crime cometido." (art. 48, parágrafo único, Código Penal de 1940).

[112] BATISTA, Nilo. *Concurso de Agentes*. 2. ed. Rio de Janeiro: Lumen Juris, 2004, p. 25.

tipificação, já com a punibilidade reduzida, a previsibilidade do dano opera como majorante da pena. Portanto, segundo o Código, a previsibilidade do dano maior que o desejado só aumenta a pena depois da correta adequação típica, que por si só fixa patamares punitivos mínimos e máximos sempre menores do que aqueles que seriam determinados caso a responsabilidade penal fosse estabelecida exclusivamente pelo resultado (responsabilidade penal objetiva).

2.15. Indagação correlata ao tema é se a vontade, estabelecida como requisito legal, necessitaria ser demonstrada empiricamente para aferição do dolo. Em outros termos, se as "dificuldades probatórias" decorrentes dessa perspectiva psicológico-descritiva seriam suficientes para eliminar a dimensão volitiva em prol de critérios normativo-imputativos orientados pela probabilidade, aparentemente presente na estrutura cognitiva da conduta.

Para Juarez Tavares, a questão é "como é possível descartar toda atividade subjetiva do agente, que está baseada na estrutura psicológica da vontade, se o próprio dolo se expressa como vontade? Ou seja, é possível extirpar da vontade sua estrutura psicológica? Pode-se até radicalizar a pergunta: não existe vontade?"[113] O que significaria, em termos jurídico-penais, abdicar da vontade como critério de imputação (subjetiva)?

O autor elabora os questionamentos após demonstrar a temeridade do critério da probabilidade (ou da inferência racional), o qual estaria sendo objetado inclusive nas ciências naturais. Não obstante, considera válida sua aplicabilidade na teoria do delito como um parâmetro *auxiliar* na imputação objetiva, sempre no sentido negativo (excludente) e não positivo. Todavia, mesmo a diretriz da probabilidade não eximiria o terceiro (julgador), que afirma ter o autor controle dos fatos na tomada da decisão, de uma demonstração fática suficiente, porque qualquer "(...) inferência racional, sem dados empíricos, é puramente abstrata e incompreensível, vindo a reduzir-se a enunciados de pura lógica formal".[114]

Outrossim, é o reconhecimento da vontade (elemento do dolo) que permite a posterior valoração da culpabilidade e, inclusive, a sua diferenciação com o injusto. Se na culpabilidade caberia destacar as condições e as relações volitivas do agente perante a norma, no injusto possibilitaria verificar a dominabilidade subjetiva dos fatos, conforme

---

[113] TAVARES, Juarez. *Fundamentos de Teoria do Delito*. Florianópolis: Tirant lo Blanch, 2018, p. 258.

[114] Idem, p. 255.

sublinha Tavares. Isto porque "o domínio dos fatos, que é condição essencial ao processo de imputação subjetiva, não se situa no conhecimento, mas na vontade. O sujeito só controla os fatos quando volitivamente os dirige" e é "justamente esse domínio volitivo que deve ser levado em conta na aferição do dolo (...)".[115]

Zaffaroni/Batista referem que o elemento cognitivo (previsibilidade) é um *pressuposto necessário, porém insuficiente*, da imputação. O aspecto cognitivo antecede o volitivo, mas "dolo é *fim* tipificado", é "a finalidade que confere sentido à unidade do conhecimento".[116] O resultado lesivo ao bem jurídico só se enlaça subjetivamente ao conhecimento através da vontade.

Se ao dolo é inerente o dado psicológico vontade, inclusive por determinação legal, sua redução ao aspecto cognitivo acaba inevitavelmente por derivar, em termos processuais penais, uma "existência presumida". Em razão de "dificuldades probatórias", de forma utilitarista, o dolo é presumido e manejado em termos de probabilidade. Mas o problema é que tal perspectiva parece excessivamente distante das diretrizes impostas pela Constituição, ou seja, o dolo, requisito da imputação, não pode ser presumido, porque as presunções em Direito Penal têm um sentido único (negativo).

> "(...) quando a febre da reação punitiva sem lacunas torna-se obsessiva, o *in dubio pro reu* é percebido como obstáculo liberal; diante disso, e também de que o mito da emergência não consegue derrogá-lo, optou-se por um recurso dogmático: a *presunção do dolo*, uma ameaça equivalente que tem por inimigo o conceito psicológico. Como o conceito psicológico oferece dificuldades para sua prova processual, ele é substituído por uma *ficção de dolo* (...)".[117]

As dificuldades com a adoção da tese do "dolo sem vontade" são, portanto, inúmeras: é *possível* compreender como o sujeito atuou sem indagar sobre a base psicológica da vontade? É *suficiente* verificar

---

[115] TAVARES, Juarez. *Fundamentos de Teoria do Delito*. Florianópolis: Tirant lo Blanch, 2018, p. 264.

Se a centralidade do debate reside em definir se é a vontade ou o conhecimento a condição essencial de imputação subjetiva nos injustos dolosos, Greco adota posição diametralmente oposta: "parece-me que a existência de conhecimento naquele que age faz, sim, surgir uma razão que atende às exigências que se acaba de mencionar. Essa razão deriva do fato de que o conhecimento é o fator subjetivo fundamental para que se possa considerar que o autor agiu com *domínio ou controle* sobre aquilo que estava em vias de realizar. Conhecimento significa domínio" (GRECO, Luís. Dolo sem Vontade, In: SILVA Dias, Augusto *et al.* (coords.). *Liber Amicorum de José de Sousa e Brito*. Coimbra: Almedina, 2009, p. 891).

[116] ZAFFARONI, Eugenio Raúl; BATISTA, Nilo. *Direito Penal Brasileiro*. v. 2, t. 1. Rio de Janeiro: Revan, 2010, p. 273.

[117] Idem, p. 281.

apenas a possibilidade de conhecimento? O *dado cognitivo*, se considerado suficiente, mesmo reduzido à probabilidade, igualmente *não exige uma referência ao empírico*? E, ao que parece, foram dúvidas como essas, que ainda não foram suficientemente resolvidas pela dogmática penal, que levaram Greco/Horta/Leite/Teixeira/Quandt a adotar uma justificada postura político-criminal de precaução.

Mas para além das *dúvidas* em relação à configuração do crime, são as *consequências possíveis* da tese, como as que foram percebidas na sentença objeto deste estudo, os fatores que poderão redimensionar a reflexão teórica. Consequências possíveis e previsíveis, mas que não necessariamente alcançam toda a sua extensão quando formuladas. Não é incomum, no debate acadêmico-dogmático, que um *efeito* representado *ex ante* gere problemas maiores ou derivados na posterior aplicação judicial. O excesso punitivo evidenciado no caso talvez seja forte indicativo dos efeitos perversos da tese, visto que, conforme assinala Greco, "é preciso averiguar se o tratamento que nos convém dispensar ao autor não acaba por instrumentalizá-lo e desrespeitá-lo como pessoa".[118] Por outro lado, importante também dizer que não são as anomalias da prática judicial, decorrentes de más interpretações ou de instrumentalizações autoritárias, que invalidam teses acadêmicas. Mas todas essas variáveis devem ser sopesadas, mormente quando se está perante situações de transborde sancionatório.

Creio, porém, que os problemas ainda não se esgotam no âmbito da imputação subjetiva do resultado. Imaginemos situações inversas, tomando como referencial a perspectiva do sujeito passivo do delito (vítima): quais os efeitos da exclusão do elemento volitivo no consentimento dado pelo ofendido? É possível admitir um "consentimento sem vontade"? Como se resolveriam os "vícios" na vontade livre da vítima ao consentir com a lesão de bens jurídicos disponíveis?

Excluir os dados da realidade implica necessariamente enfraquecer o sistema constitucional de garantias. Quanto maior for a supressão do número de entes da conduta, menores são as exigências de imputação, ou seja, "menos entes conformam um conceito mais dútil", motivo pelo qual, adiro à perspectiva de que "(...) a consideração da finalidade, na linha do modelo welzeliano de ação, é útil para demarcar seu conceito jurídico e garantir mais adequadamente o *nullum crimen sine conducta*. Entre qualquer conceito mais dútil de ação e o conceito finalista, tomados todos como conceitos jurídicos (isto é, abandonando toda pretensão *ontologista*), o finalista é política

---

[118] GRECO, Luís. Dolo sem Vontade, In: SILVA DIAS, Augusto *et al.* (coords.). *Liber Amicorum de José de Sousa e Brito*. Coimbra: Almedina, 2009, p. 892.

e tecnicamente preferível".[119] Exatamente por isso, Guzmán Dalborda, ao explorar a crise do pensamento democrático no Direito Penal, constata que a mentalidade autoritária, na dogmática e na interpretação judicial, "(...) se entretiene en alternativas para mantener en pie la teoría de las acciones libres en la causa; *dilata el dolo*, de modo de referirlo a las acciones y no a los resultados típicos; además, *lo normativiza en lugar de asentarlo en sus bases psíquicas* (...)".[120]

Sublinho que o debate não é meramente acadêmico, pois seus efeitos na atividade forense são evidentes. A flexibilização dos requisitos do dolo, com ênfase na representação (elemento cognitivo) em detrimento da vontade, conduziu a jurisprudência a uma perigosa tendência de imputar situações de culpa consciente como dolo eventual – as condenações por homicídio doloso em acidentes de trânsito são casos exemplares no país.[121] A propositura de um dolo sem vontade, ao invés de corrigir o problema e demarcar a negligência como regra nos casos de violação do dever de cuidado objetivo em situações de risco, amplifica esse efeito perverso: a punição de fatos culposos (culpa consciente) com base na reprovabilidade do dolo direto (não "apenas" do dolo eventual). A dosimetria da pena no incidente da Boate Kiss é um exemplo privilegiado dessa distorção.

---

[119] ZAFFARONI, Eugenio Raúl; BATISTA, Nilo. *Direito Penal Brasileiro*. v. 2, t. 1. Rio de Janeiro: Revan, 2010, p. 103.
Maria del Mar Díaz Pita, titular de Direito Penal da Universidade de Sevilha, ao defender uma *perspectiva normativa do elemento volitivo* como expressão de um Direito Penal democrático, chega a conclusões semelhantes, destacando, sobretudo, os efeitos expansivos da punição em termos político-criminais decorrentes da sua eliminação: "esta eliminação alivia o objeto da prova e permite imputar com maior facilidade dados como dolosos cuja natureza resulta mais que duvidosa. A tendência expansiva do Direito Penal pode ser, evidentemente, uma opção. Porém, creio que o jurista deve limitar essa tendência e não avivá-la, para conseguir essa racionalidade na hora de utilizar algo tão perigoso como o Direito Penal" (DÍAZ PITA, Maria del Mar. A Presumida Inexistência do Elemento Volitivo no Dolo e sua Impossibilidade de Normativização. In: BUSATO, Paulo César (org.). *Dolo e Direito Penal*: modernas tendências. 2. ed. São Paulo: Atlas, 2014, p. 21).

[120] GUZMÁN DALBORA, José Luis. Mentalidad Autoritaria, Actitudes Punitivas y Pensamiento Penal: un esbozo. *Política Criminal*, v. 14, n. 27, 2019, p. 627 (grifei).

[121] Hungria já chamava atenção para esta tendência: "nota-se que, principalmente na justiça de primeira instância, há uma tendência para dar elasticidade ao conceito de dolo eventual" (*Apud* Fragoso, Heleno. Comentários Adicionais. In: HUNGRIA, Nelson. *Comentários ao Código Penal*. v. 1, t. 2. 5. ed. Rio de Janeiro: Forense, 1978, p. 543).
De igual forma, PIERANGELLI, José Henrique. Morte no Trânsito: culpa consciente ou dolo eventual? *Justitia*, n. 64, v. 197, 2007, pp. 47-63; WUNDERLICH, Alexandre. O Dolo Eventual nos Homicídios de Trânsito como uma Tentativa Frustrada: a reafirmação de uma posição. In: BUSATO, Paulo; SÁ PRISCILA. P.; SCANDELARI, Gustavo (coords.). *Perspectivas das Ciências Criminais*. Rio de Janeiro: GZ, 2016; SÉRGIO Salomão, Shecaira. Ainda a Expansão do Direito Penal: o papel do dolo eventual. *Revista Brasileira de Ciências Criminais*, v. 64, 2007, pp. 222-238.

Entendo, pois, ser a **legalidade um limite intransponível**, motivo pelo qual é imperioso reconhecer, na síntese de Tavares, que (*primeiro*) a estrutura psicológica do sujeito, que garante sua autonomia como pessoa, é composta pelas dimensões cognitiva e volitiva; (segundo) a vontade não pode ser eliminada da estrutura do dolo e do injusto; e (terceiro) se a vontade for eliminada do injusto, é impossível uma posterior análise qualificada da culpabilidade.[122]

(e) É razoável e lógico, em um sistema diferenciador, impor ao dolo eventual carga punitiva superior àquela atribuível ao dolo direto?

2.16. O esforço para justificar a exclusão do elemento "vontade" do dolo foi instrumental: impor sobrecarga punitiva à modalidade eventual chegando em patamares que só poderiam ser aplicados ao dolo direto. Na síntese do julgador:

> "(...) a culpabilidade dos acusados é elevada, porque intenso o elemento subjetivo com que agiram; este, mesmo sendo o dolo eventual, permite um juízo desfavorável no nível da aplicação da pena, juízo que não está limitado por uma ideia de que necessariamente haveria de ser menos gravoso do que o oriundo de um caso cometido com dolo direto. Não olvidemos que o alcance da moldura normativa não se afasta de uma premissa de *ratio* punitiva.[123]

Dentre os argumentos, a sentença refere que em casos como o do incêndio da Boate Kiss, o dolo eventual seria o próprio configurador da tipicidade subjetiva, ou seja, o dolo eventual suplantaria a possibilidade do dolo direto, visto que, se presente, configuraria outra espécie de delito. O dolo direto, nestes casos, seria um elemento subjetivo diverso e autônomo que daria forma a um tipo legal de crime mais grave.

> "(...) a produção da morte de tão vasto número de indivíduos, quando o agente quer diretamente o resultado, muitas vezes se convola noutros tipos penais, como seja o terrorismo, o genocídio e outros envolvendo um conjunto tão plural de vítimas, o que quase permitirá dizer que em

---

[122] TAVARES, Juarez. *Fundamentos de Teoria do Delito*. Florianópolis: Tirant lo Blanch, 2018, p. 265. Com argumentos complementares, igualmente críticos à versão normatizada que separa a análise do dolo dos estados mentais do autor e que, portanto, enfraquece as diferenças entre responsabilidade pelas ações e responsabilidade pelas consequências (responsabilidade objetiva), importantes as lições de MANRIQUE, Laura. Responsabilidad, Dolo Eventual y Doble Efecto. *Doxa*: cuadernos de filosofia del derecho, v. 30, 2007, pp. 415-434; e MANRIQUE, Laura. Acción, Conocimiento y Dolo Eventual. *Isonomía*, v. 31, 2009, 177-201;

[123] TJRS, 1º Juizado da 1ª Vara do Júri de Porto Alegre, Processo nº 001/2.20.0047171-0, Sentença, fl. 13.

situações catastróficas e de produção da morte de um expressivo número de pessoas o dolo eventual já é, ele mesmo, o elemento subjetivo de maior gravidade, porquanto se de dolo direto se tratasse muito provavelmente estaríamos diante de outros modelos de crimes".[124]

Reconhecer que um elemento subjetivo especial (*finalidade de produção de elevado número de mortes*) deflagra a migração do juízo de tipicidade para um delito mais grave e que a *indiferença*, caracterizadora do dolo eventual, seria o dado básico da imputação subjetiva do homicídio é **afirmar a condição de elementar típica**. Trata, de maneira não muito distinta, o dolo de provocar número expressivo de mortes como uma "qualificadora" do tipo penal comum do homicídio que, nesta hipótese, estaria configurado apenas com a "anuência do resultado". Em efeito, se elementar típica, sua (re)consideração implica ofensa à proibição constitucional da dupla valoração (*ne bis in idem*).

A liberdade do argumento só reafirma algo que é consolidado na doutrina e na jurisprudência: elementares típicas, objetivas ou subjetivas, não podem ser reapreciadas na aplicação da pena. Se os tipos autônomos, ao descreverem as condutas, estabelecem elementos essenciais distintivos de outros tipos, tais circunstâncias lhes são inerentes e constitutivas. A aplicação da pena deve girar, portanto, em torno das circunstâncias não elementares: "todos os demais fatores que, não sendo essenciais (não elementares do crime), interessam à aplicação da pena, são as circunstâncias do crime. Estas são acidentais, podendo estar ou não presentes na realização de uma certa figura típica".[125]

De qualquer modo, cabe enfrentar o argumento do *"dolo eventual intenso"*. A primeira questão é se faz sentido *ainda* falar em intensidade do dolo; a segunda se é possível graduar com maior reprovabilidade a anuência ("prever e aceitar") do que o "prever e querer" o resultado.

2.17. Na perspectiva finalista, o dolo é a vontade de realização do tipo, a realidade psíquica verificável da conduta. Não se confunde, pois, com o juízo de reprovação desta conduta, realizado na esfera da culpabilidade. Por esta razão é que é referido um dolo *neutro* (natural, avalorado).[126] Assim, atribuir graduação ao dolo é uma imprecisão

---

[124] TJRS, 1º Juizado da 1ª Vara do Júri de Porto Alegre, Processo nº 001/2.20.0047171-0, Sentença, fl. 13.

[125] AGUIAR JÚNIOR, Ruy Rosado. *Aplicação da Pena*. 5. ed. Porto Alegre: Livraria do Advogado/Ajuris, 2013, p. 65.

[126] TANGERINO, Davi. *Culpabilidade*. 2. ed. São Paulo: Saraiva, 2014, p. 90.

dogmática, visto que intensidade (maior ou menor) é parâmetro para a censura sobre o quanto era exigível, daquele autor em concreto, uma conduta distinta.

O saudoso Min. Cernicchiaro, professor da Universidade de Brasília, em uma conhecida e paradigmática decisão, traçou os termos diferenciadores do dolo e do juízo de culpabilidade:

"No caso *sub judice*, como transcrito, o ilustre magistrado registrou: '... levo tão somente em consideração a intensidade do dolo...'

Dolo é aspecto do elemento subjetivo, de vontade do agente, agasalhado pelo Código Penal em dois aspectos: direto e eventual (art. 18, I).

Dolo é elemento anímico, projeção de livre escolha do agente entre agir ou omitir-se no cumprimento do dever jurídico. **Não tem intensidade. Intensidade refere-se a graus, do maior ao menor. Nada tem com o dolo. É relativa, isto sim, à culpabilidade**, entendida no sentido moderno da teoria geral do delito como reprovabilidade, censurabilidade ao agente, não ao fato. Porque, podendo agir de modo diverso, não o fez.

Insista-se, não existe dolo intenso. A culpabilidade, sim, é intensa, média, reduzida ou mesurada intermediariamente a essas referências.

No caso sub judice, a pena-base foi majorada pela 'intensidade do dolo'. Essa qualificação é normativamente inadequada (...). Aliás, a lei vigente não menciona mais intensidade do dolo, como se referira a Parte Geral revogada do Código Penal".[127]

Tatiana Stoco considera equivocada parte da jurisprudência nacional que sustenta a existência de um "dolo intenso", incorreção derivada de uma confusão conceitual de dolo como sinônimo de vontade. Neste quadro, uma vontade mais reprovável indicaria, erroneamente, um dolo mais intenso. De igual forma, procura desfazer outro mal-entendido: "a *maior gravidade do crime não é necessariamente maior dolo*".[128] As considerações são fundamentalmente voltadas ao "dolo direto intenso", que, nos termos da jurisprudência em destaque, seria medido pela vontade. Refere, ainda, que este juízo poderia ser mais adequado ao componente conhecimento (domínio), pois a maior dominabi-

---

[127] STJ, 6ª Turma, *Habeas Corpus* 9.584/RJ, Rel. Min. Luiz Vicente Cernicchiaro, j. 15/06/99, DJ 23/08/99 (grifei).

[128] STOCO, Tatiana. *Culpabilidade e Medida da Pena*: uma contribuição à teoria da aplicação da pena proporcional ao fato. São Paulo: Marcial Pons, 2020, p. 144 (grifei).

lidade poderia denotar maior perigo.[129] Aproxima-se, pois, à tese de Greco.

No entanto, a variação entre maior ou menor dominabilidade da situação perigo não alcança o caso em análise. Sobretudo porque as condições fáticas apontam o oposto, ou seja, a percepção (elemento cognitivo) de que o agir do acusado estava conforme as regras estabelecidas em decorrência das fiscalizações e das autorizações de funcionamento do estabelecimento pelas agências de controle (Prefeitura Municipal, Corpo de Bombeiros e Ministério Público). Injustificado, nestas circunstâncias, o agravamento da pena, ainda mais sob a imputação de dolo eventual.

Nas lições de Wunderlich/Ruivo, a conduta em relação ao resultado causado pode apresentar os seguintes desenhos: "(a) prever e querer o resultado; (b) prever e aceitar o resultado, (c) prever e não querer, nem aceitar o resultado, ou, simplesmente, (d) não prever o resultado".[130] Quatro hipóteses que estabelecem uma *hierarquia* em relação ao juízo de censura. Assim, os tipos-ideais do dolo direto e da culpa inconsciente estão em razão oposta quanto ao desvalor ação. Os elementos intermediários (dolo eventual e culpa consciente), apesar das semelhanças, igualmente não poderiam ser parametrizados, visto que "prever e aceitar" não se confunde com "prever e não querer" o resultado. Na comparação entre o dolo eventual e a culpa consciente, é a própria legislação (criminalização primária) que desnivela as penas. A exigência constitucional de individualização judicial é que determina ao julgador (criminalização secundária), no momento da sentença, diferenciar a censura entre as modalidades (espécies) de ações do mesmo gênero (dolo direto e dolo eventual; culpa consciente e culpa inconsciente).

> "(...) colocamos as quatro hipóteses em <u>ordem decrescente de reprovabilidade do desvalor da conduta</u>, que correspondem a um dos quatro conceitos sintéticos do tipo subjetivo: (a) dolo direto, (b) dolo eventual, (c) culpa consciente e (d) culpa inconsciente".[131]

A hierarquização proposta é correta. Condutas distintas devem produzir consequências distintas (individualizadas). Assim, não parece ilógico sustentar que "prever e querer o resultado" (dolo direto)

---

[129] STOCO, Tatiana. *Culpabilidade e Medida da Pena*: uma contribuição à teoria da aplicação da pena proporcional ao fato. São Paulo: Marcial Pons, 2020, p. 145.

[130] WUNDERLICH, Alexandre; RUIVO, Marcelo. Culpa Consciente e Dolo Eventual. *Revista Brasileira de Ciências Criminais*. v. 161, 2019, p. 372.

[131] Ibidem.

seja mais censurável que "prever e aceitar o resultado". A zona cinzenta da fronteira conceitual entre dolo eventual e culpa consciente já constitui um indicativo relevante – é conhecida a assertiva de Welzel de que "delimitar el dolo eventual de la culpa (consciente) es uno de los problemas más difíciles y discutidos del Derecho Penal".[132] A inequívoca proximidade entre dolo eventual e culpa consciente, acrescida da distinta graduação legal entre crime doloso e culposo, informa o intérprete e recomenda ao juiz valorações não semelhantes entre dolo direto e dolo eventual.

Neste sentido, Christiano Fragoso, apesar de ainda indicar a *intensidade* do dolo como critério, refere explicitamente que "o grau de intensidade do *dolo* do agente é circunstância essencial; é **evidente que o dolo direto sempre deve receber pena mais alta do que o dolo eventual**".[133] Orientação já indicada por Heleno Fragoso, nas "Lições", ao referir que geralmente, em razão da previsibilidade do resultado, nos crimes culposos, a modalidade da consciente é mais grave do que a inconsciente.[134]

Não por outro motivo, a comissão redatora do Anteprojeto do Código Penal, além de redefinir conceitualmente as modalidades de dolo, previu expressamente uma circunstância especial de redução da pena nas situações de dolo eventual. Em sua primeira versão, o projeto previa, no § 1º do art. 18, que *"a pena será reduzida de 1/6 (um sexto) a 1/3 (um terço) quando o fato for praticado com dolo eventual"*.[135] Na redação final, o Projeto de Lei 236/12 foi modificado, reduzindo-se a quantidade, mas mantendo a minorante em artigo próprio (art. 20):

Dolo e culpa

"Art. 18. Diz-se o crime:

I – doloso, quando o agente quis realizar o tipo penal ou assumiu o risco de realizá-lo, consentindo ou aceitando de modo indiferente o resultado.

II – culposo, quando o agente, em razão da inobservância dos deveres de cuidado exigíveis nas circunstâncias, realizou o fato típico."

---

[132] WELZEL, Hans. *Derecho Penal Aleman*: parte general. 4. ed. Santiago: Editorial Jurídica de Chile, 1993, p. 83.

[133] FRAGOSO, Christiano Falk. Da Aplicação da Pena. In: SOUZA, Luciano Anderson (coord.). *Código Penal Comentado*. São Paulo: Revista dos Tribunais, 2020, p. 267.

[134] FRAGOSO, Heleno Claudio. *Lições de Direito Penal*: parte geral. 16. ed. Rio de Janeiro: Forense, 2003, p. 408.

[135] DOTTI, René Ariel. *Curso de Direito Penal*: parte geral. 7. ed. São Paulo: Revista dos Tribunais, 2020, p. 480.

Redução da pena no dolo eventual
"Art. 20. O juiz, considerando as circunstâncias, poderá *reduzir a pena até 1/6 (um sexto), quando o fato for praticado com dolo eventual*" (grifei).[136]

O projeto indica que a <u>atenuação da pena no dolo eventual é uma solução coerente e lógica</u>. Todavia, mesmo que seja dúbia essa possibilidade, o que parece ser injustificado é que, em qualquer hipótese, o dolo eventual opere como circunstância de aumento da pena. Neste sentido, mesmo dando ênfase à dimensão cognitiva em detrimento da volitiva, Tatiana Stoco sustenta: "se se toma como correta a distinção qualitativa entre essas duas modalidades [dolo direto e dolo eventual], então ela deve refletir-se de forma quantitativa na medida da pena. O que, ao contrário, **parece claro é que considerar um agravamento do próprio dolo eventual, um 'dolo eventual mais intenso', é inapropriado**".[137]

2.18. A tese de que o dolo, a partir do finalismo, na qualidade de elementar típica, não pode ser valorado como conteúdo da circunstância judicial culpabilidade, poderia levar, porém, a uma aporia: a desigualdade qualitativa entre dolo direto e dolo eventual não resultar em penalização distinta (diferença quantitativa).

O que procuro destacar, fundamentalmente, é que se o legislador excluiu "intensidade do dolo e grau de culpa" do *caput* do art. 59, substituindo-os pela categoria *culpabilidade*, a partir de uma adesão à teoria normativa pura, é ilógico valorar dolo e culpa como conteúdo da culpabilidade. Nominar alguma coisa (culpabilidade) implica estabelecer limites interpretativos daquilo que se diz da coisa nominada. Assim, na pena-base, como conteúdo da culpabilidade, dolo e culpa não poderiam ser analisados.

Com isso não se quer dizer que não seja importante – eu diria, fundamental – desnivelar a responsabilidade dos autores de condutas

---

[136] Na Exposição de Motivos, a justificativa apresentada pela Comissão:
"Dolo direto e eventual. A distinção entre dolo direto, dolo eventual e culpa consciente é das questões mais tormentosas da dogmática penal. Como no anteprojeto proposto surgem figuras novas como a da 'culpa gravíssima', bem como a possibilidade de redução da pena, em um sexto, no caso do dolo eventual, preocupou- se a Comissão em oferecer critério distintivo mais aperfeiçoado. Daí a sugestão de que no dolo eventual o agente assumiu o risco de realizar o tipo penal, 'consentindo ou aceitando de modo indiferente o resultado', ao passo que no dolo direto o agente quis realizar o tipo penal. Consentimento e indiferença, diante da previsibilidade objetiva do resultado, fazem o dolo eventual." [Senado Federal, *Projeto de Lei 236* (Anteprojeto de Código Penal). Brasília: Senado Federal, 2012, p. 217, disponível em https://www25.senado.leg.br/web/atividade/materias/-/materia/106404).

[137] STOCO, Tatiana. *Culpabilidade e Medida da Pena*: uma contribuição à teoria da aplicação da pena proporcional ao fato. São Paulo: Marcial Pons, 2020, p. 143.

dolosas (com e sem vontade) e culposas (com e sem representação). Como alternativa para resolução do que seria não mais do que uma aporia aparente do sistema, propus o recurso do art. 66 do Código Penal.[138] A proposição é, inclusive, mais conservadora do que a prevista no PL 236, do Senado Federal, que cria uma causa especial de diminuição da pena. Entendo que, de *lege lata*, a interpretação conforme a legalidade posta é a da redução pela atenuante inominada.

Embora subutilizado pela jurisprudência, a aplicação do art. 66 do Código Penal nas hipóteses de *dolo eventual* (e também da *culpa inconsciente*) parece resolver a necessidade de diferenciar o grau de censura das condutas, sem perverter os limites conceituais da *culpabilidade normativa*. No caso em análise, entendo ser uma resposta não só possível, mas adequada, para a graduação da responsabilidade penal do(s) réu(s).

3. Valoração dos motivos e das circunstâncias (em sentido estrito): é possível ignorar as decisões do TJRS e do STJ?

3.1. Na sequência da determinação da pena-base, o juiz procura justificar a apreciação da "torpeza" dos réus e o intenso sofrimento das vítimas, sem incorrer em *bis in idem*, em decorrência de as qualificadoras do art. 121, § 2º, I (motivo torpe) e III (fogo e asfixia) terem sido afastadas em sede recursal. Em relação aos acusados Elissandro e Mauro, argumenta:

> "Assim é que, afirmado e reafirmado que não se está a trazer à tona o que foi rechaçado por decisões superiores, cumpre dizer que o **motivo do crime desfavorece os acusados**.
>
> (...) Aludem, os motivos, não apenas no que diz respeito à causação do resultado, mas também, importante frisar, àquilo que direcionou o agente na tomada de tal ou qual conduta. E aqui, para os réus ELISSANDRO e MAURO, que exercem atividade profissional relacionada com a Boate Kiss, o escopo de beneficiar os lucros em desfavor da segurança de seus clientes ressai evidente. Deu-se primazia à razão econômica, desde a aquisição de materiais até a imposição de dificuldades para a saída das vítimas, ao aspecto do lucro, que, naturalmente, não é em si repugnante, quando almejado num quadro de cumprimento dos deveres normativos; na espécie, isso, contudo, não sucedeu. Variadas

---

[138] CARVALHO, Salo. *Penas e Medidas de Segurança no Direito Penal Brasileiro*. 3. ed. São Paulo: Saraiva, 2020, p. 480.

ações, individualizadas, evidenciaram que os riscos acrescidos à integridade dos frequentadores do estabelecimento foram desconsiderados, porquanto destarte, seguramente, ganhar-se-ia menos".[139]

Na análise das "circunstâncias do crime", refere a forma pela qual as vítimas vieram a óbito:

> "Cumpre avaliar as circunstâncias peculiares do evento, no que repercutem para a fixação da pena. Neste âmbito, impõe-se atenção específica à maneira como vieram a perecer as vítimas fatais. Os dados do processo indicam, sem qualquer margem para dúvida, a presença de intenso sofrimento, decorrente das razões pelas quais morreram as vítimas. Quem, num exercício altruísta, por um minuto apenas buscar colocar-se no ambiente dos fatos haverá de imaginar o desespero, a dor e o padecimento das pessoas que, na luta por sua sobrevivência, recebiam, todavia, <u>a falta e a ausência de ar</u>, os gritos e a escuridão, em termos tão singulares que não seria demasiado qualificar-se tudo o que ali foi experimentado ao modo como assentado pela literatura, 'o horror, o horror'.
>
> (...) A <u>intensidade do sofrimento</u> é circunstância peculiar dos crimes e o seu reconhecimento sequer há de estar adstrito à cobertura do elemento subjetivo com que atuaram os agentes; quem deflagra o processo causal, ou seja, realiza as condutas aptas à eclosão de determinado resultado, há de suportar os dados colaterais que lhe sejam respectivos, pois, se assim não fosse, as particularidades e singularidades dos crimes correriam por conta das próprias vítimas, e elas são vítimas.
>
> (...) Aponta-se que 'o tempo de morte estimado dentro da Kiss foi de três a cinco minutos depois de o incêndio ter começado', e mostra-se inexprimível em palavras o tipo de sensação a que foram submetidas as vítimas na antessala de suas próprias mortes, misto de desespero com <u>sufocamento</u>, misto de desalento e dor".[140]

O problema na valoração dos "motivos" e das "circunstâncias" é o dos limites impostos pelo TJRS e pelo STJ que, se extrapolados, produziriam dupla incriminação. Especificamente em relação aos "motivos", a discussão que ainda precisa ser feita é acerca da suficiência da fundamentação no confronto com a prova dos autos.

---

[139] TJRS, 1º Juizado da 1ª Vara do Júri de Porto Alegre, Processo nº 001/2.20.0047171-0, Sentença, fl. 22.

[140] Idem, fls. 23-25.

3.2. A incidência das qualificadoras foi explicitamente refutada pelo TJRS e pelo STJ, em decisões que transitaram em julgado. Foi consignado pelos Tribunais que estavam afastados quaisquer tipos de juízo negativo sobre os motivos ou circunstâncias nos termos apontados na decisão de pronúncia, ou seja, *torpeza* dos acusados e *sofrimento das vítimas* causado pelo fogo e pela asfixia.

É de conhecimento que, em caso de imputação de homicídio qualificado, é vedada a valoração das circunstâncias qualificadoras visto já terem operado o aumento em abstrato das sanções. Consequência do art. 61, *caput*, do Código Penal: "são circunstâncias que sempre agravam a pena, quando não constituem ou qualificam o crime".

No caso, o TJRS afastou as qualificadoras sob o seguinte argumento:

"(...) **QUALIFICADORAS AFASTADAS**

13. As qualificadoras imputadas na denúncia, em relação aos quatro réus, devem ser afastadas da apreciação dos jurados. **Ausentes circunstâncias concretas que revelem, no injusto imputado, especial censurabilidade ou perversidade.**

14. Não se discute que, no mais das vezes, a *ganância pode ensejar o reconhecimento do motivo torpe*, na medida em que reprovável a conduta daquele que, para *auferir ganho ou lucro excessivo*, ambicionado de forma desmedida, comete o homicídio. Contudo, na hipótese dos autos, inexistente a qualificadora na forma em que descrita na denúncia e reconhecida na sentença de pronúncia. **Em relação aos acusados Elissandro e Mauro, o lucro é inerente à atividade empresarial**. Não parece possível, isoladamente, considerar reprovável, no modelo de livre iniciativa (Constituição Federal, art. 1°, inc. IV), o interesse de lucrar com a casa noturna. **A colocação da espuma, por outro lado, diferente do sustentado na denúncia, não ensejou economia, mas sim *plus* de custo para os sócios da casa noturna**, com o fito de evitar o fechamento do estabelecimento, diante das dificuldades em realizar o isolamento acústico do local. Por outro lado, a superlotação da boate naquela noite, ainda que pudesse indicar o desejo dos acusados de obter lucro excessivo no empreendimento, foi um dos elementos que sustentou a plausibilidade de que os acusados possam ter agido mediante dolo eventual, assumindo o risco de produzir os resultados lesivos. É dizer, a reprovação sobre o fato de terem permitido a entrada de mais pessoas do que o local comportava foi **sopesada na configuração da tipicidade subjetiva**. Se chamada novamente, em desfavor dos réus, estaria delibado o *bis in idem*, que é vedado. **Não há, nestes moldes, como concluir que a motivação dos agentes mereça especial reprovação que autorizasse o reconhecimento da qualificadora do motivo torpe**. A especial reprovação do

injusto, não pelo resultado, mas pela conduta que animou os réus, é que deve ser ponderada – neste caso, foi o conjunto da obra que permitiu uma imputação por dolo eventual. Precedente do STJ.

17. No que se relaciona com o **emprego de fogo**, não cabe, a símile, submeter aos jurados a qualificadora do inciso III do parágrafo 2º do artigo 121 do Código Penal. Os réus Marcelo e Luciano, objetivamente, seriam os responsáveis pelo emprego de fogo no interior da boate, tendo sido o manejo do centelhador o estopim do evento danoso. Ademais, a utilização dos artefatos pirotécnicos, em tese, era de conhecimento dos acusados Elissandro e Mauro. Contudo, no caso dos autos, <u>o emprego da pirotecnia no interior de uma casa noturna lotada é um dos intensos vetores para o reconhecimento do dolo eventual na conduta dos agentes</u>. Ainda, neste espectro, não parece que os acusados desejassem, mediante incêndio, causar excessivo sofrimento às vítimas. Mesmo que se cogitasse que o fogo teria causado perigo comum (imputação que não é articulada na denúncia), a solução não seria outra. A coletividade exposta a perigo pelo evento danoso consubstanciou-se nas 878 vítimas apontadas na exordial acusatória. Ou seja, a situação de perigo realizou-se nos resultados lesivos, pelos quais os acusados estão a responder, integralmente. Conclusão contrária delibaria, de novo, *bis in idem*. Qualificadora afastada".[141]

Em sede de Recurso Especial, o STJ confirmou o entendimento da Corte gaúcha:

"(...) 6. As qualificadoras imputadas na denúncia (motivo torpe, consistente na ganância por maiores lucros, e emprego de meio cruel, nas modalidades de fogo e asfixia) e confirmadas na pronúncia em relação aos quatro réus, devem ser afastadas da apreciação dos jurados, ante a **ausência de circunstâncias concretas que revelem especial censurabilidade ou perversidade dos agentes. Não se indicaram, nos autos, evidências de que o plano de conduta dos réus abarcasse as qualificadoras**, a ponto de ter como mais agravadas as sanções pelos crimes a eles imputados.

7. Ademais, a afirmada **ganância dos acusados** – a utilização, no revestimento interno do estabelecimento, de espuma inadequada e altamente tóxica e inflamável, a ausência de investimento em segurança contra incêndio, a busca de lucro com a superlotação do estabelecimento, a aquisição de fogos de artifícios mais baratos que somente seriam indicados para ambientes externos – **e a ocorrência de fogo e asfixia no fatídico evento foram sopesadas, no conjunto dos fatos, para confi-

---

[141] TJRS, 1ª Câmara Criminal, Recurso em Sentido Estrito nº 70071739239, Rel. Des. Manoel José Martinez Lucas, j. 22/03/2017 (grifei).

gurar a tipicidade subjetiva e classificar a conduta dos agentes como movida por dolo eventual, de maneira que, se chamadas novamente em desfavor dos réus para qualificar os crimes, causariam o vedado *bis in idem*.

8. Recursos especiais parcialmente providos para reformar o acórdão do TJRS proferido nos embargos infringentes e de nulidade, que desclassificou os delitos para outros que não aqueles da competência do Tribunal do Júri, com vistas a manter a decisão de pronúncia quanto à tipicidade subjetiva das condutas praticadas pelos réus (homicídios dolosos, consumados e tentados), mantida, todavia, a parte do *decisum* que afastou as duas qualificadoras mencionadas nos autos".[142]

Não parece haver outra interpretação possível para as decisões citadas do que a proibição da consideração (*primeiro*) do interesse econômico sobreposto à segurança dos clientes da casa noturna, na condição de "motivos"; e (*segundo*) do fogo e da asfixia, como circunstâncias (modo) do crime. Os Tribunais enfrentaram o tema e destacaram, nos acórdãos referidos, que, dentre outros, seriam esses os **elementos que permitiram configurar o dolo eventual** – isto é, se ausentes, haveria migração para a tipicidade culposa – reproduzo novamente: "(...) ga‑ nância dos acusados (...) e a ocorrência de fogo e asfixia no fatídico evento foram sopesadas, no conjunto dos fatos, para configurar a tipi‑ cidade subjetiva e classificar a conduta dos agentes como movida por dolo eventual, de maneira que, se chamadas novamente em desfavor dos réus para qualificar os crimes, causariam o vedado *bis in idem*".[143]

O argumento posto de que a sentença não estaria a "repristinar a[s] qualificadora[s] afastada[s]", pois o conteúdo da avaliação "adquire outra envergadura", em razão de que "como qualificadoras importariam em dobrar a pena mínima do crime, lançando-a aos cediços doze anos; já agora, influenciam significativamente menos, num quadro em que o balizamento da sanção já está estabelecido legislativamente em padrão inferior"[144] é marcadamente retórico e flagran‑ temente escapista. Objetiva eximir o magistrado de uma obrigação imposta pelos Tribunais: não valorar esses dados como circunstâncias judiciais, visto terem enquadrado a conduta como dolosa (dolo eventual).

---

[142] STJ, 6ª Turma, Recurso Especial nº 1.790.039/RS, Rel. Min. Rogerio Schietti Cruz, j. 18/06/19, DJe 02/08/19 (grifei).

[143] Idem (grifei).

[144] TJRS, 1º Juizado da 1ª Vara do Júri de Porto Alegre, Processo nº 001/2.20.0047171-0, Sentença, fl. 22.

O julgado do STJ até poderia ser colocado em dúvida. Não no sentido da revaloração da ganância e do meio como as vítimas morreram (fogo e asfixia) na pena-base, porém. Questionamento pertinente seria o de como é possível estabelecer um nexo causal entre a busca de lucro e essa *causa mortis* e a anuência com o resultado. Mas o tema, para os fins deste parecer, está superado.

Assim, se tais circunstâncias já impactaram de forma decisiva o juízo de tipicidade, ampliando as margens penais de 1 (um) a 3 (três) anos (homicídio culposo) para 6 (seis) a 20 (vinte) anos, atuarem novamente de forma desfavorável no agravamento da pena-base comporta evidente *bis in idem*.

3.3. Além disso, especificamente em relação aos motivos, há incongruência do argumento com os dados de prova, situação que evidencia defeituosa fundamentação.

Conforme amplamente demonstrado, Elissandro realizou notórios esforços, com grande investimento financeiro, para adequar a casa noturna às exigências impostas pelos órgãos de controle. Reformas que objetivavam não apenas harmonizar o estabelecimento às regras de prevenção (segurança), mas também aumentar o conforto da clientela e da vizinhança. Se houvesse primazia do lucro, as reformas empreendidas não teriam ocorrido da forma como apresentada nos autos: contratação de distintos engenheiros; mudança da planta da casa; construção de paredes sobrepostas para redução do ruído externo etc.

A conclusão é dos próprios Desembargadores da 1ª Turma do TJRS: "a colocação da espuma, por outro lado, <u>diferente do sustentado na denúncia, não ensejou economia, mas sim *plus* de custo para os sócios da casa noturna</u>, com o fito de evitar o fechamento do estabelecimento, diante das dificuldades em realizar o isolamento acústico do local".[145]

Neste sentido, inapropriada a consideração das circunstâncias como desfavoráveis e irregular o excesso punitivo delas decorrente, devendo ambas ser neutralizadas na dosimetria da pena-base sob pena de violação aos princípios da proibição da dupla incriminação (*bis in idem*) e da fundamentação adequada.

---

[145] TJRS, 1ª Câmara Criminal, Recurso em Sentido Estrito nº 70071739239, Rel. Des. Manoel José Martinez Lucas, j. 22/03/2017 (grifei).

4. Comportamento das vítimas: *bis in idem* e fundamentação deficiente

4.1. Ao final da análise das circunstâncias judiciais, o julgador também considerou desfavorável aos réus o "comportamento das vítimas":

"A avaliação concernente ao comportamento das vítimas exige, neste caso, duas considerações: a primeira, do ponto de vista das *expectativas que elas, as vítimas, nutriam ao ingressar no local da denúncia*. Em algumas declarações feitas em plenário, e em oitivas anteriores, ficou evidenciada a despreocupação que as vítimas tinham quanto ao grau de segurança envolvido na Boate Kiss. Tudo, aliás, muito natural. É que, na busca de alguma diversão noturna, apresenta-se o assim designado princípio da confiança, vale por dizer, supõe-se que o local em que se está a ingressar esteja conforme as regras, tanto que, como corolário disso, realiza-se o comportamento de ingresso, pelo qual, em alguma medida, fica o sujeito entregue àquilo que a pessoa ou local que o recepcionam deveriam fazer. Dá-se o mesmo, por exemplo, quando adentramos num avião, quanto à sua manutenção, quiçá num elevador e, de certa maneira, no âmbito do próprio tráfego viário, pois, pensemos, se não confiássemos no cumprimento das normas pelos demais motoristas, o grande risco aí envolvido muito provavelmente nos impediria de dirigir veículos. Nesta linha de argumentação, o que se apresentou na espécie, na linha primeira do comportamento das vítimas, foi a *defraudação de legítima expectativa* que possuíam, no sentido de que cada qual dos acusados, na órbita própria de suas incumbências, atuasse na conformidade das regras próprias.

Num outro nível, já agora comparativo, o comportamento, já agora nobre de algumas vítimas, implica juízo desfavorável para os acusados. Vejam que, mesmo no plenário, e ainda mais em diversas referências feitas no processo, algumas das vítimas pereceram pela circunstância de, após terem conseguido sair do local, para lá retornaram, com o objetivo nada menos que heróico de buscar salvar da morte seus semelhantes; tal **comportamento, no cotejo com aquele adotado pelos réus, e, mais que isso, decorrente de toda a efeméride derivada do comportamento dos acusados**, faz pungente a necessidade de considerar-se, aqui, como desfavorável aos acusados o comportamento que foi adotado pelas vítimas: o seu ingresso no estabelecimento foi motivado por expectativas defraudadas, ou, como se queira, sua confiança foi rompida, e, ainda, atuaram com grau de nobreza e verdadeiro heroísmo que, no que comparados com o modo de atuação dos acusados, torna a conduta destes réus, no ponto, individualista e, portanto, egoísta".[146]

Conforme destacado pelo ator processual, são duas variáveis que pesaram no juízo negativo: (*primeiro*) o rompimento com a "expectativa de segurança" que as vítimas teriam ao frequentar a casa noturna; e (*segundo*) o comportamento individualista e egoísta dos acusados, em comparação com atitudes heroicas de pessoas que inclusive perderam a vida ao tentar resgatar aqueles que permaneciam no interior do estabelecimento em chamas. Os argumentos são inválidos para os fins pretendidos pelo magistrado (ampliar a carga punitiva) (*primeiro*) porque não correspondem aos dados probatórios presentes nos autos (depoimentos das vítimas) e (*segundo*) porque destoam daquilo que é válido valorar como conteúdo da referida circunstância judicial.

Inicio pelo segundo ponto, pois é importante resgatar o *sentido* e a *extensão* dos estudos de vitimologia que informaram a Reforma de 1984. Na Exposição de Motivos, ao tratar da "aplicação da pena", os reformadores explicam duas novidades em relação ao Código de 1940: "culpabilidade", anteriormente explorada, e "comportamento da vítima". Alertam que "fez-se referência expressa ao comportamento da vítima, erigido, muitas vezes, em *fator criminógeno*, por constituir-se em provocação ou estímulo à conduta criminosa (...)".[147]

Na dimensão apresentada, trata-se de graduar a vitimização, ou seja, de verificar como o comportamento do sujeito passivo atua no evento crime, de que forma a vítima *contribuiu* para o resultado por "facilitar", "provocar" ou "estimular". O final da explicação é inclusive sexista, pois, ao exemplificar a forma de apreciação da circunstância, refere critérios interpretativos hoje superados ou, no mínimo, problematizados pela importante contribuição do pensamento feminista na teoria penal e criminológica – "(...) como, entre outras modalidades, o pouco recato da vítima nos crimes contra os costumes".[148]

Por tais razões, inúmeros autores destacam ser uma circunstância de impacto exclusivamente redutor na pena-base.[149] Assim, "quan-

---

[146] TJRS, 1° Juizado da 1ª Vara do Júri de Porto Alegre, Processo n° 001/2.20.0047171-0, Sentença, fl. 31 (grifei).

[147] Código Penal, Exposição de Motivos da Nova Parte Geral, § 50 (grifei).

[148] Idem (grifei).

[149] Neste sentido, exemplificativamente, ROIG, Rodrigo Duque Estrada. *Aplicação da Pena*: limites, princípios e novos parâmetros. São Paulo: Saraiva, 2013, p. 190; BALTAZAR JÚNIOR, José Paulo. *Sentença Penal*. Porto Alegre: Verbo Jurídico, 2004, p. 100; FRAGOSO, Christiano Falk. Da Aplicação da Pena. In: SOUZA, Luciano Anderson (coord.). *Código Penal Comentado*. São Paulo: Revista dos Tribunais, 2020, p. 269.

to maior for a participação da vítima na eclosão dos acontecimentos, menor será o grau de reprovabilidade da conduta do réu".[150] A posição de que pode apenas reduzir a pena também encontra eco nos Tribunais, tendo sido consolidada nas "Jurisprudências em Teses" do STJ: "o comportamento da vítima em contribuir ou não para a prática do delito não acarreta o aumento da pena- base, pois a circunstância judicial é neutra e não pode ser utilizada em prejuízo do réu".[151]

4.2. A diretriz doutrinária e jurisprudencial, por si só, permitiria invalidar a desfavorabilidade do comportamento das vítimas consignado na sentença. No entanto, é de se perceber que o argumento não apenas é inválido em seu conteúdo, mas é diametralmente oposto à prova produzida na instrução e em plenário.

Note-se que o magistrado, nos depoimentos dos réus, vítimas e testemunhas, foi minucioso e extenuante nas inquisições sobre o cotidiano da lotação do estabelecimento, procurando estabelecer uma espécie de padrão de comportamento dos acusados para posteriormente atribuir aos proprietários a supremacia do lucro à segurança. A questão ficou vencida com a posição do TJRS e do STJ sobre a qualificadora "motivo torpe".

Embora não fugisse do usual de casas desta natureza, as testemunhas, vítimas e os próprios réus referiram que a boate com frequência estava "cheia" ou até mesmo "lotada", sobretudo quando havia festas universitárias, como a que ocorria no momento do incêndio. Lembremos do depoimento de Elissandro:

"E a gente ia parando conforme a gente sentia o conforto lá dentro da boate (...) Eu comecei a determinar, inclusive em contratos com as tur-

---

[150] FERREIRA, Gilberto. *Aplicação da Pena*. Rio de Janeiro: Forense, 1998, p. 239.

[151] STJ. *Jurisprudência em Teses* (organizada por ramos do Direito). Brasília: STJ, 2020, p. 460.
No relatório, são apontados os seguintes julgados de referência que consolidam a posição: STJ, 6ª Turma, *Habeas Corpus* 297988/AL, Rel. Min. Maria Thereza de Assis Moura, j. 18/09/2014, DJE 02/10/2014; STJ, 6ª Turma, *Habeas Corpus* 261544/ES, Rel. Min. Rogerio Schietti Cruz, j. 12/08/2014, DJE 26/08/2014; STJ, 6ª Turma, *Habeas Corpus* 182572/PR, Rel. Min. Nefi Cordeiro, j. 03/06/2014, DJE 20/06/2014; STJ, 5ª Turma, *Habeas Corpus* 284951/MG, Rel. Min. Marco Aurélio Bellizze, j. 08/04/2014, DJE 23/04/2014; STJ, 6ª Turma, AREsp 222197/AC, Rel. Min. Sebastião Reis Júnior, j. 18/03/2014, DJE 07/04/2014; STJ, 5ª Turma, *Habeas Corpus* 245665/AL, Rel. Min. Moura Ribeiro, j. 17/12/2013, DJE 03/02/2014; STJ, 6ª Turma, *Habeas Corpus* 170556/DF, Rel. Min. Assusete Magalhães, j. 05/09/2013, DJE 24/09/2013; STJ, 5ª Turma, REsp 1245072/PB, Rel. Min. Laurita Vaz, j. 21/05/2013, DJE 28/05/2013; STJ, 5ª Turma, REsp 1294129/AL, Rel. Min. Jorge Mussi, j. 05/02/2013, DJE 15/02/2013; STJ, 6ª Turma, *Habeas Corpus* 113013/MS, Rel. Min. Og Fernandes, j. 06/12/2012, DJE 18/12/2012
Mais recentemente, exemplificativamente, STJ, 5ª Turma, *Habeas Corpus* 542.909/ES, Rel. Min. Ribeiro Dantas, j. 16/06/20; STJ, 6ª Turma, *Habeas Corpus* 373.968, Rel. Min. Antonio Saldanha Palheiro, DJe 16/02/17.

mas, de 800 pessoas. Só entrava conforme saía (...); não teria como ter mais do que essas oitocentas, porque a gente não deixava entrar mais do que oitocentas. Então, se chegou a oitocentas, tinha oitocentas (...); Então a boate tinha... Vamos, hipoteticamente, que tinha as oitocentas pessoas. Tá? Contando mais funcionários e mais seguranças, claro que vai dar um número assim, acima de um permitido. Eu não tenho por que mentir".[152]

Relevante, pela forma como o julgador construiu o seu argumento, os depoimentos das vítimas em plenário. Embora longos e impactantes do ponto de vista emocional, entendo fundamental citar alguns trechos:

Vítima Kellen Giovana

"J: A senhora já tinha ido na Boate Kiss? T: Sim. J: Muitas vezes, algumas vezes? T: Primeira vez eu fui em 2011, eu fui morar em Santa Maria quando eu passei na faculdade em agosto de 2011, a primeira vez foi naquele ano mesmo. Teve uma festa da Terapia Ocupacional, *Absolut Therapy*, e foi a primeira festa que eu fui".[153]

"T: Eu fui com mais duas amigas e um grupo de cinco amigos. Os meninos tavam na lista, era de um aniversário, então eles ficavam na fila de baixo né, na fila do VIP, e a fila tava na esquina, no banco – tem um banco na esquina lá, com a Rio Branco. E aquele dia a gente acabou furando a fila, tá, porque tava muito grande. Tinha um conhecido nosso quase na porta e a gente acabou entrando junto com ele (...) nós fomos dar uma volta lá embaixo, tava muito cheio e resolvemos voltar para o lado de cima. J: Nesse momento que a senhora chegou, meia-noite e meia, que a senhora mencionou que a fila tava grande, já havia pessoas saindo da boate ou o fluxo era só de entrada? T: Saindo pra? J: Indo embora, tipo, ah terminou a noite, meia noite... T: Não, não, nunca... nunca".[154]

"J: A questão da fila, a senhora aludiu que a fila era grande, né, era bastante grande segundo apontou. Era normal essa quantidade de pessoas na fila pra ingressar na boate ou nesse dia lhe parecia ha-

---

[152] TJRS, 1º Juizado da 1ª Vara do Júri de Porto Alegre, Processo nº 001/2.20.0047171-0, fl. 20.129

[153] Idem, Depoimento em Plenário, disponível em https://www.youtube.com/watch?v= uwTOhtNqBwA, 1:10:21 a 1:10:45 (Identificação: Caso Boate Kiss – dia 1 Turno Noite).

[154] Idem, Depoimento em Plenário, disponível em https://www.youtube.com/watch?v= uwTOhtNqBwA, 1:12:29 a 1:13:57 (Identificação: Caso Boate Kiss – dia 1 Turno Noite).

ver mais pessoas na fila, por enquanto? T: Era normal. Até inclusive duas semanas antes eu tinha ido na festa das engenharias e eu acho que tinha o dobro de pessoas lá dentro. **J: Dentro?** T: Sim, porque eu fiquei no mesmo lugar que eu tava no dia do incêndio e não dava pra se mexer. Uma das gurias passou mal e até a gente conseguir levar ela no banheiro, pra lavar o rosto, demorou entre dez minutos. **J: E havia algum tipo de controle sobre isso, alguma indicação do número limite de pessoas?** T: Não".[155]

"**J: Extintores de incêndio no local?** T: Nunca vi. **J: Nem nessa ocasião e nem em nenhuma outra em que tenha ido?** T: Nenhuma outra. **J: E talvez tenha lhe perguntado, desculpe ser repetitivo: a senhora já tinha ido lá várias vezes?** T: Várias vezes... **J: Quando a gente fala várias vezes pode ser provavelmente mais do que dez vezes?** T: Sim. Até porque era uma boate universitária, né. A gente ia para se divertir achando que estava seguro".[156]

Vítima Jéssica Montardo Rosado

"**J: A senhora tava na Boate Kiss nesse dia dos fatos?** T: Estava na boate sim. **J: Era sua primeira ida à boate ou já tinha ido?** T: Não, já tinha ido outras vezes. J: Não trabalhava lá, foi como... T: Não. **J: Dessa vez que a senhora foi, quando isso que está da denúncia ocorreu, a boate tinha um número de frequentadores similar ao que a senhora havia visto outra vezes ou era diferente?** T: Acredito que era um número que sempre tinha na boate. **J: E esse número, não em termos quantitativos, mas em termos qualitativos, pouca, muita, bastante, como a senhora julgaria a lotação da boate?** T: Ah... Eu não sei lhe precisar quantidade, como o senhor falou, volume, mas ela tava com bastante gente. **J: E essa asserção, essa referência de que tava com bastante gente, a senhora diz, a partir de quais dados: pelo modo como circulava, pela tua visualização?** T: Na verdade eu circulei bem dentro da boate. Apesar de estar um pouco apertado, mas tinha bastante gente que tava numa rodinha, e depois com mais amigos. A parte que o meu irmão estava ela tava mais tranquila, mas acredito que na pista tinha mais gente (...) Quando a gente chegou lá na frente, a fila tava dobrando a esquina lá. E

---

[155] TJRS, 1º Juizado da 1ª Vara do Júri de Porto Alegre, Processo nº 001/2.20.0047171-0, Depoimento em Plenário, disponível em https://www.youtube.com/watch?v=uwTOhtNqBwA, 1:23:04 a 1:23:59 (Identificação: Caso Boate Kiss – dia 1 Turno Noite).

[156] Idem, Depoimento em Plenário, disponível em https://www.youtube.com/watch?v= uwTOhtNqBwA, 1:29:44 a 1:30:11 (Identificação: Caso Boate Kiss – dia 1 Turno Noite).

daí como a gente, o meu pai trabalha com eventos e eu costumava sair em outras casas noturnas, eu conhecia o segurança e a gente acabou entrando sem fila. A gente entrou na boate (...)".[157]

"**MP: Quando acontece esse fato, a senhora disse que era frequentadora da... que já tinha frequentado várias vezes a Kiss. Em que ano que a senhora foi a primeira vez na Kiss? A senhora lembra? Se foi quando abriu...** T: 2010, 2009, não sei, não sei precisar (...) Só sabia que ele era dono no último ano, 2012, que era quando eu comecei a frequentar mais vezes, e não era tantas vezes também, fui esporadicamente, umas cinco ou seis vezes".[158]

[Promotora mostra foto de uma festa cheia e questiona] "**MP: A senhora identifica esse local?** T: Kiss. **MP: Era assim normalmente a população de pessoas na Kiss?** T: Na pista, sim. **MP: Essa noite tava com mais gente ou menos gente que isso?** T: Acho que a mesma coisa. **MP: Mesma coisa...**".[159]

Em sentido oposto à conclusão do magistrado, **os frequentadores tinham ciência de que a casa enchia** – prova evidente são as inúmeras referências aos dias de festa universitária e à fila que se formava, inclusive na data do fato. Ademais, vários eram **frequentadores assíduos** da Boate Kiss, isto é, conheciam a sua planta, provavelmente tivessem ideia da localização dos extintores, sabiam da existência das "barras de ferro" utilizadas para organizar entrada e saída e para delimitar o espaço do fumódromo.

E se efetivamente havia uma "expectativa" de que a Boate Kiss fosse um local com controle de risco, esse sentimento não era exclusividade das vítimas, mas de todos os seus frequentadores, incluindo os réus, visto que *foram* as *autoridades públicas que atestaram a segurança do ambiente ao conceder o Alvará de Licença (Prefeitura Municipal), ao realizar os procedimentos de renovação do Plano de Prevenção Contra Incêndio*

---

[157] TJRS, 1º Juizado da 1ª Vara do Júri de Porto Alegre, Processo nº 001/2.20.0047171-0, Depoimento em Plenário, disponível em https://www.youtube.com/watch?v=2AB_9MzdApM, intervalo de 2:24:46 a 2:27:11 (Identificação: Caso Boate Kiss – dia 2 Turno Manhã).

[158] Idem, Depoimento em Plenário, disponível em https://www.youtube.com/watch?v=2AB_9MzdApM, intervalo de 3:05:07 a 3:05:59 (Identificação: Caso Boate Kiss – dia 2 Turno Manhã).

[159] Idem, Depoimento em Plenário, disponível em https://www.youtube.com/watch?v=2AB_9MzdApM, intervalo de 3:08:41 a 3:08:56 (Identificação: Caso Boate Kiss – dia 2 Turno Manhã).

(PPCI) (Corpo de Bombeiros) e ao propor, fiscalizar e firmar um Termo de Ajustamento de Conduta (Ministério Público).

Outrossim, é altamente equivocado valorar o comportamento do réu, imputando-lhe egoísmo e individualismo porque não retornou a um prédio em chamas para salvar as vítimas. Primeiro porque o vetorial é "comportamento das vítimas", e não dos acusados, já valorado nas demais circunstâncias judiciais para proceder ao juízo de censura. Em segundo, porque se tivesse o acusado realizado o salvamento de uma, duas ou todas as vítimas, não teria respondido o processo por homicídio consumado ou, ainda, se menor o número de vítimas fatais, o *quantum* de aumento do concurso formal deveria ser reduzido (critério de aumento: número de vítimas) – "na espécie, tudo autoriza que o aumento se dê no patamar máximo, qual seja o da metade, considerados o expressivo número de vítimas fatais e a elevada quantidade de tentativas de homicídio".[160]

O critério da eliminação hipotética da circunstância sob análise é sempre elucidativo quando se quer verificar se o dado já impactou a pena. Significa dizer, portanto, que não apenas as conclusões do julgador não correspondem aos fatos, como o juízo é redundante: *bis in idem*.

5. Cálculo da pena-base: inobservância do critério do "termo médio" e desproporcionalidade na graduação das circunstâncias

5.1. Do que foi possível verificar no comparativo entre o conteúdo válido para valoração e a prova produzida no processo, a maioria das circunstâncias judiciais é favorável ao condenado Elissandro. A análise técnica que empreendi indicaria que apenas as "consequências do crime" poderiam operar no distanciamento da pena-base do mínimo legal, inegável ponto de partida para a dosimetria. Há, contudo, significativos entendimentos que admitem que apenas uma circunstância negativa não seria idônea para elevar a pena-base além do mínimo,[161] sobretudo nos casos de **réu primário** e quando o julgador

---

[160] TJRS, 1º Juizado da 1ª Vara do Júri de Porto Alegre, Processo nº 001/2.20.0047171-0, Sentença, fl. 35 (grifei).

[161] O TRF4, p. ex., em alguns julgados, admitiu a possibilidade de determinação da pena-base no mínimo legal quando apenas um dos vetores do art. 59, *caput*, do Código Penal, é desfavorável ao réu – veja-se, p. ex., o voto divergente do Des. Paulo Afonso Brum Vaz, em caso de condenação de réu advogado por crime tributário: "(...) nós também aqui nesta Casa já dissemos em mais de uma oportunidade que apenas uma circunstância judicial do art. 59 não recomenda a elevação da

entender que a sanção, fixada no seu mínimo, é *necessária e suficiente para reprovação e prevenção do delito* (art. 59, *caput, in fine,* Código Penal) ou, ainda, que esta quantidade é *socialmente recomendável*, nos termos do art. 44, § 3º, do Código Penal.[162]

Nestes termos, penso que a pena-base adequada deva aproximar-se do piso ou ser fixada no mínimo legal, pois equivocadamente negativados a "culpabilidade", os "motivos", as "circunstâncias" e o "comportamento das vítimas", conforme procurei demonstrar.

No entanto, mesmo se o julgador estivesse correto na sua valoração, isto é, se efetivamente fossem desfavoráveis as 05 (cinco) circunstâncias apontadas na sentença para o réu Elissandro, a pena-base para o crime de homicídio simples consumado não poderia alcançar o quantitativo de 15 (quinze) anos de reclusão. Isto porque muito acima do **termo médio** de 13 (treze) anos, critério utilizado pelo TJRS como referencial máximo na primeira fase da dosimetria da pena.

De acordo com entendimento consolidado no TJRS, a pena-base só poderia atingir o termo médio (13 anos) se todas as circunstâncias judiciais fossem desfavoráveis. Por todos, o ex-Desembargador Boschi: "se o conjunto das circunstâncias judiciais for negativo (isto é, desfavorável ao acusado), a pena-base deve aproximar-se do termo médio para corresponder ao mais alto grau de reprovação pelo fato".[163] Não é o caso sob análise e, mesmo assim, a reprimenda foi fixada muito além do teto (termo médio).

Tenho consciência de que a adoção do termo médio como parâmetro regulador da pena-base não alcança todos os Tribunais brasileiros. Todavia trata-se de posição consolidada em significativa doutrina[164] e nos julgados do TJRS (e do TRF4, para ficar na Região Sul)

---

pena-base, ou seja, impõe que se aplique a pena mínima. (...). A turma, por maioria, deu parcial provimento à apelação, nos termos do voto do relator, vencido o Des. Brum Vaz, discordando em relação à dosimetria da pena por entender que a circunstância de ser o réu advogado não é motivo para exacerbação da pena-base. Entendeu, também, caber sua fixação no limite mínimo, tendo em vista haver apenas uma circunstância judicial do art. 59" (TRF4, Apelação Criminal 1999.71.00.022647-6/RS, Des. Federal Luiz Fernando Wowk Penteado, j. 22.06.04, grifei).

[162] "Pena-Base – Circunstâncias Judiciais – Réu Primário e de Bons Antecedentes. Diante de vida pregressa irreprovável, o juiz deve, tanto quanto possível e quase sempre o será, fixar a pena-base no mínimo previsto para o tipo, contribuindo, com isso, para a desejável ressocialização do condenado (...)" (STF, *Habeas Corpus* 72.842-1/MG, Min. Marco Aurélio de Mello, j. 18/12/95).

[163] BOSCHI, José Antônio Paganella. *Das Penas e seus Critérios de Aplicação*. 5. ed. Porto Alegre: Livraria do Advogado, 2011, p. 186.

[164] Neste sentido, BALTAZAR JÚNIOR, José Paulo. *Sentença Penal*. Porto Alegre: Verbo Jurídico, 2004, p. 88; BITENCOURT, Cezar Roberto. *Código Penal Comentado*. 9. ed. São Paulo: Saraiva, 2015, 319; BITENCOURT, Cezar Roberto. *Tratado de Direito Penal*: parte geral. 21. ed. São Paulo: Saraiva, 2015, p. 784; BOSCHI, José Antônio Paganella. *Das Penas e seus Critérios de Aplicação*.

há décadas.[165] Critério que persiste até os dias atuais, como se percebe, exemplificativamente, do levantamento jurisprudencial:

"(...) A **'teoria do termo médio', amplamente concebida tanto pela doutrina quanto pela jurisprudência**, serve como um parâmetro razoável de análise, a fim de se evitarem cálculos demasiadamente brandos ou severos. Sua inobservância, assim, não necessariamente afigura-se uma afronta jurídica, desde que a pena seja fixada de modo proporcional à reprovação do delito e devidamente justificada".[166]

"(...) Atinente ao *quantum* de aumento adotado (seis meses), este revelou-se adequado e proporcional, pois utilizado o critério relativo ao termo médio entre a pena mínima e máxima cominada ao delito".[167]

"(...) II – Redimensionamento da pena base. Embora a individualização da pena não seja uma operação estritamente matemática, a busca de

---

5. ed. Porto Alegre: Livraria do Advogado, 2011, p. 186; CARVALHO, Salo de. Critérios para Cálculo da Pena-Base: ponto de partida, termo médio e regras de quantificação. *Revista dos Tribunais*, v. 978, 2017, pp. 173-194; ROSA, Fabio Bittencourt. A Pena e sua Aplicação. *Revista dos Tribunais*, v. 80, n. 668, 1991, pp. 245-249; SHECAIRA, Sérgio Salomão; CORRÊA JUNIOR, Alceu. *Teoria da Pena*. São Paulo: Revista dos Tribunais, 2002, p. 278; SHECAIRA, Sérgio Salomão. *Estudos de Direito Penal*. v 2. Rio de Janeiro: Forense, 2010, p. 33.

[165] Em pesquisa sobre os critérios para cálculo da pena, realizei levantamento de julgados no TJRS no período de janeiro de 2015 a março de 2016, constatando a preponderância do *termo médio como balizador da pena-base*: (a) TJRS, Apelação Criminal 70063477517, Re. Des. Cristina Pereira Gonzales, j. 23/03/2016; (b) TJRS, Apelação Criminal 70067244640, Rel. Des. Rogério Gesta Leal, j. 17/12/2015; (c) TJRS, Apelação Criminal 70066856410, Rel. Des. Rosaura Marques Borba, j. 17/12/2015; (d) TJRS, Apelação Criminal 70066549643, Rel. Des. Victor Luiz Barcellos Lima, j. 26/11/2015; (e) TJRS, Apelação Criminal 70066309022, Rel. Des. Rosaura Marques Borba, j. 05/11/2015; (f) TJRS, Apelação Criminal 70056589344, Rel. Des. José Luiz John dos Santos, j. 24/06/2015; (g) TJRS, Apelação Criminal 70054201041, Rel. Des. Rosane Ramos de Oliveira Michels, j. 18/06/2015; (h) TJRS, Apelação Criminal 70063437263, Rel. Des. Lizete Andreis Sebben, 10/06/2015; (i) TJRS, Apelação Criminal 70053442091, Rel. Des. José Antônio Cidade Pitrez, j. 2805/2015; (j) TJRS, Apelação Criminal 70061077954, Rel. Des. Lizete Andreis Sebben, j. 13/05/2015; (k) TJRS, Apelação Criminal 70061846291, Rel. Des. Isabel de Borba Lucas, j. 28/01/2015.
Em sentido idêntico no TRF4: (a) TRF4, Embargos Infringentes e de Nulidade 5018411-48.2010.404.7100/RS, Rel. Des. Márcio Antônio Rocha, j. 09/09/2014; (b) TRF4, Apelação Criminal 0001426-21.2008.404.7016/PR, Rel. Des. Márcio Antônio Rocha, j. 27/05/2014; (c) TRF4, Apelação Criminal 5000376-61.2011.404.7017, Rel. Des. Gilson Luiz Inácio, D.E. 22/11/2012; (d) TRF4, Apelação Criminal 2000.71.12.003376-1, Rel. Des. Vladimir Passos de Freitas, DJ 14/11/2001.
Íntegra da investigação em CARVALHO, Salo de. Critérios para Cálculo da Pena-Base: ponto de partida, termo médio e regras de quantificação. *Revista dos Tribunais*, v. 978, 2017, pp. 173-194.

[166] TJRS, 8ª Câmara Criminal, Apelação Criminal, nº 70076158666, Rel. Des. Felipe Keunecke de Oliveira, j. 27/05/20 (grifei).

[167] TJRS, 2ª Câmara Criminal, Apelação Criminal, nº 70081942724, Rel. Des. Rosaura Marques Borba, j. 28/11/19.

uma quantificação objetiva para as circunstâncias do art. 59, nos dias atuais, é o que mais preserva aquela individualização de eventual arbítrio e/ou discricionariedade. Deste modo, o **valor de cada circunstância judicial é calculado a partir do termo médio entre o mínimo e o máximo da pena** abstratamente cominada".[168]

"(...) 2. A fixação da pena basilar deve ser proporcional ao grau de reprovabilidade da conduta, como indicado pelo conjunto das circunstâncias judiciais do artigo 59 do Código Penal. Sua **fixação em patamar próximo ao termo médio deve ser resguardada às hipóteses em que todas as vetoriais se apresentam negativamente ao acusado.** No caso, sopesadas apenas duas delas em desfavor do réu, impõe-se o redimensionamento da pena".[169]

5.2. O uso do termo médio e até mesmo o fracionamento de valores referenciais para cada circunstância – p. ex. a regra de 1/8 da diferença entre mínimo e termo médio que, no caso do homicídio simples, corresponderia a 10 (dez meses) e 15 (quinze dias) para cada vetor –, diferente do que sustentou o julgador, não corresponde a um mero "cálculo matematizado". Duas razões são evidentes: (*primeira*) o juiz pode, conforme o art. 67 do Código, dar *preponderância* para algumas circunstâncias em detrimento de outras; e (*segunda*) os valores são apenas *referenciais* e, nesta qualidade, cumprem importante função de indicativo de proporcionalidade, sobretudo para evidenciar excessos.

O entendimento apresentado em um dos julgados acima é preciso: a dosimetria judicial da pena, apesar de não ser uma "operação estritamente matemática", deve buscar "quantificação objetiva para as circunstâncias", preservando a "individualização de eventual arbítrio e/ou discricionariedade".[170] Tudo porque, quando um julgador não conhece ou não aceita limites para as suas decisões, a tendência é excesso e o desrespeito à legalidade.

Se, querendo ou não, o julgador deve, ao final da sua sentença, apresentar um *número* representativo da pena em *quantidade*, e se os elementos de ponderação são predeterminados em lei, parece razoá-

---

[168] TJRS, 4ª Câmara Criminal, Apelação Crime, nº 70071267686, Rel. Des. Mauro Evely Vieira de Borba, j. 28/09/17 (grifei).

[169] TJRS, 3ª Câmara Criminal, Apelação Crime, nº 70059592600, Rel. Des. Sérgio Miguel Achutti Blattes, j. 18/05/16 (grifei).

[170] TJRS, 4ª Câmara Criminal, Apelação Crime, nº 70071267686, Rel. Des. Mauro Evely Vieira de Borba, j. 28/09/17.

vel seja pensada uma diretriz objetiva indicativa do quanto valeria, em média, cada circunstância. Desta forma, o abuso fica mais nítido e controlável. Não por outro motivo, os sistemas norte-americano e inglês adotam o modelo conhecido como *sentencing guidelines*, procurando exatamente reduzir os espaços de discricionariedade.[171]

O excesso na pena-base aplicada é evidente porque, mesmo se existissem 05 (cinco) circunstâncias desfavoráveis – o que tenho apenas por argumento, visto ter procurado demonstrar que apenas as consequências do crime poderiam ser negativas –, segundo os parâmetros consolidados pelo TJRS, a quantidade de pena não poderia exceder 10 (dez) anos. Como é apenas 01 (uma) circunstância comprovadamente prejudicial, o indicativo é que a pena-base seja fixada *no* ou *próxima do* mínimo previsto em abstrato.

6. Pena provisória: confissão (atenuante nominada); dolo eventual e "falha estatal em proteger os custodiados e assegurar a segurança do local" (precedente) (atenuantes inominadas)

(a) Confissão

"Querem me prender, me prendam (...). Eu não aguento mais, cara (...). Querem me prender? O que eu vou fazer, cara? Entendeu? Eu não quis isso. Eu não escolhi isso. Desculpa. Desculpa de coração. Porque eu tenho que me conter. Mas eu não aguento mais, cara. Eu não aguento mais".[172]

6.1. O debate sobre os limites da aplicação da atenuante da confissão pelos Tribunais brasileiros é conhecido, sobretudo em relação à confissão qualificada, ou seja, quando o réu admite o fato, mas invoca teses justificadoras ou eximentes. De qualquer forma, conforme a Súmula 545 do STJ, nas situações em que a confissão for *utilizada como*

---

[171] Sobre o tema, importante estudo de CAMPOS, Gabriel S. Queirós. *Aplicação da Pena e o Problema da Discricionariedade Judicial*: breve estudo comparativo entre a dosimetria penal brasileira e o modelo de *sentencing guidelines* norte-americano e inglês. Salvador: JusPodivm, 2021. Análise crítica do debate proposto, CARVALHO, Salo. O Controle do Substancialismo e do Decisionismo na Aplicação da Pena. *Direito em Debate*. v. 29, n. 53, 2020, pp. 311-317.

[172] TJRS, 1º Juizado da 1ª Vara do Júri de Porto Alegre, Processo nº 001/2.20.0047171-0, fl. 20.126v.

elemento de formação de convencimento do julgador, deverá ser reconhecida como atenuante.

No TJRS, alguns posicionamentos restringem a extensão da Súmula, não aplicando a atenuante quando outros elementos de convencimento como perícia e testemunhas induzem a identificação da autoria ou a participação.[173] Apesar disso, há diversos precedentes no STJ no sentido de que "a confissão, ainda que parcial, ou mesmo qualificada – em que o agente admite a autoria dos fatos, alegando, porém, ter agido sob o pálio de excludentes de ilicitude ou de culpabilidade –, deve ser reconhecida e considerada para fins de atenuar a pena".[174] Não desconheço, inclusive, a posição da 1ª Câmara do TJRS, notadamente da divergência entre a posição do Des. Jayme Weingartner Neto, que admite a confissão qualificada, e a do Des. Honório e do Des. Martinez Lucas, no sentido da rejeição.[175]

Não há dúvida, porém, que se a Súmula 545, em maior ou menor extensão, fornece um referencial, também permite indagar *como se verifica se a confissão impactou a formação do convencimento do julgador, sobretudo em relação à autoria do crime?* O problema parece de simples resolução: análise da motivação.

Todavia a questão ganha uma proporção distinta quando se trata de julgamento por leigos no **Tribunal do Júri**, exatamente porque **inexiste o dever de fundamentar**. O julgamento baseado na "íntima convicção" coloca inúmeras questões sobre a própria constitucionalidade, não do Tribunal do Júri em si, porque é instituição com *status* constitucional, mas da forma como são tomadas as decisões frente ao disposto no art. 93, IX, da Constituição. Assim, como *averiguar o impacto dos depoimentos dos réus na formação do convencimento do Conselho de Sentença?*

6.2. Um dado parece evidente e merece atenção: para fundamentar a pronúncia por homicídio doloso qualificado, o magistrado de Santa Maria explorou intensamente os interrogatórios. A avaliação da autoria delitiva inicia-se pela descrição das condutas de Elissandro, quando o julgador expõe longamente as informações prestadas em

---

[173] TJRS, 3º Grupo de Câmaras Criminais, Revisão Criminal, nº 70084954320, Rel. Des. Maria de Lourdes G. Braccini de Gonzalez, j. 25/11/21.

[174] Nesse sentido, STJ, 6ª Turma, REsp 1745005/TO, Rel. Min. Nefi Cordeiro, DJe 12/09/19.

[175] Neste sentido, exemplificativamente, TJRS, 1º Grupo de Câmaras Criminais, Embargos Infringentes e de Nulidade nº 70085438810, Rel. Des. José Antônio Cidade Pitrez, j. 10/12/21; TJRS, 1ª Câmara Criminal, Apelação Criminal nº 70083640946, Rel. Des. Jayme Weingartner Neto, j. 16/12/21.

seu depoimento. Foram 11 (onze) páginas descrevendo as mais variadas situações vividas por Elissandro, desde o ingresso na Kiss até a sua postura após o incidente.

Do que é possível perceber, foi **a partir das informações externadas por Elissandro que o julgador admitiu a tese do dolo eventual**. Exposições sobre (a) as reformas na boate; (b) a contratação da banda "Gurizada Fandangueira" e a performance pirotécnica; (c) a lotação da casa no dia do incêndio; (d) o funcionamento da casa noturna e o treinamento da equipe; (e) a sistemática de entrada e saída e o uso das barras de ferro para organização; (f) as autorizações e as fiscalizações realizadas pelas autoridades públicas; e (g) a revisão dos extintores de incêndio. Dados consignados no interrogatório e expressamente citados na decisão de pronúncia.[176]

Lembremos, ainda, que Elissandro compareceu voluntariamente à Delegacia de Polícia de Santa Maria, logo após o incidente, para noticiar a ocorrência do incêndio:

"E aí alguém veio e disse: 'Cara, vamos sair daqui porque vão começar a te culpar aí, cara'. Alguém me botou para dentro de um carro e foram me levar para casa, eu disse: 'Não, não cara. Vamo...' Sabe. Eu não sabia o que fazer. Aí eu disse: '**Me leva na delegacia. Me leva na delegacia**'. Na descida tinha um... Me levaram na delegacia. **Cheguei lá, me apresentei na delegacia e disse... E disse: 'Tá pegando fogo na boate. Tá morrendo gente. Não sei o que fazer, cara'**. E apavorado. Apavorado (...). Eu disse assim: 'Eu quero que conste que eu vim aqui. Eu quero que conste que eu vim aqui".[177]

Além do uso do interrogatório para pronunciar o réu por dolo eventual e da ação voluntária de Elissandro em comparecer à Delegacia de Polícia, entendo extremamente relevantes algumas informações prestadas em plenário ao Conselho de Sentença.

(a) Sobre a colocação das espumas

"Mandei os guris tirar 'Tira esse troço cara, tira esse troço aí, **eu vou comprar uma espuma nova, vou botar bonitinho**'. Liguei pro Samir o Samir: 'Cara, encomendei mas não chegou ainda' eu digo 'Não, beleza cara, pelo menos o palco aqui eu já vou adiantar, porque nós ia botar em todo o teto, o plano era ter botado todo o teto, **só que foi botado só em cima do palco, nas lateral e um pouquinho atrás**".[178]

---

[176] TJRS, Vara do Júri de Santa Maria, Processo nº 027/2.13.0000696-7, Sentença de Pronúncia, fls. 126-137.

[177] TJRS, 1º Juizado da 1ª Vara do Júri de Porto Alegre, Processo nº 001/2.20.0047171-0, fl. 20.126

[178] Idem, fls. 20.122v (grifei).

(b) Sobre a lotação da casa de espetáculo

"E a gente ia parando conforme a gente sentia o conforto lá dentro da boate (...) Eu comecei a determinar, inclusive em contratos com as turmas, de 800 pessoas. Só entrava conforme saía (...) não teria como ter mais do que essas oitocentas, porque a gente não deixava entrar mais do que oitocentas. Então, se chegou a oitocentas, tinha oitocentas (...). Então a boate tinha... Vamos, hipoteticamente, que tinha as oitocentas pessoas. Tá? Contando mais funcionários e mais seguranças, claro que **vai dar um número assim, acima de um permitido**. Eu não tenho por que mentir".[179]

(c) Sobre os extintores de incêndio

"Os extintores, a gente tinha renovado... renovado; tinha feito recarga fazia dois meses, eu acho, ou três meses, que tinha sido recarregado (...) o final de noite é um pouco... (...) E inúmeras vezes aconteceu de um extintor estar fora do lugar. Mais de uma vez. Eu não tenho por que mentir isso. Tem uma foto que mostra três vezes a mesma foto (...) Esse extintor, ele quebrou um gancho. Ele tem um ganchinho que fica assim, e ele quebrou e a gente botou na cabine do DJ, que é do lado. Tava ali. [J: E o do palco, que tentaram usar?] "Não funcionou. Não sei se não tiraram o gancho... o pino, ou não funcionou. Eu também queria saber. Tava no lugar. [J: Mas isso era responsabilidade de quem?] "Era **minha responsabilidade. É claro que era minha responsabilidade, responsabilidade da casa, com certeza**".[180]

(d) Sobre as barras de ferro

"Mas nem hoje. A preocupação era briga. Tanto que falam dos ferros, das coisas. **Os ferros eram para organizar, era a entrada, era pras pessoas serem revistadas**".[181]

(e) Contato posterior com familiares das vítimas

"Olha, eu sempre me senti de uma forma talvez envergonhado, talvez sem saber o que dizer. Já me veio várias vezes pessoas: 'O que tu tem a dizer para os pais?' Alguma entrevista, alguma coisa. Realmente não existe o que falar. Sabe. Não tem uma explicação que eu consiga dar. Entendeu? **Eu fiquei como culpado da situação**. Eu vou falar o quê? (...) Várias vezes eu pedi para o Jader: 'Jader, consiga que eu converse com o Flávio. Consiga que eu converse com o seu Paulo Carvalho (...).

---

[179] TJRS, 1º Juizado da 1ª Vara do Júri de Porto Alegre, Processo nº 001/2.20.0047171-0, fl. 20.129 (grifei).

[180] Idem (grifei).

[181] Idem (grifei).

Deixa eu tentar ver se eu consigo fazer eles me entender. **De alguma forma eu pedir uma desculpa para eles**".[182]

Em 2016, o TJRS reconheceu a atenuante da confissão qualificada em razão de o réu ter confirmado circunstâncias geradoras do perigo. Naquele processo, a ingestão de álcool antes de conduzir o veículo. Tratava-se de acidente de trânsito no qual houve desclassificação da conduta dolosa (dolo eventual) para o crime de homicídio culposo: "na segunda fase, julgo que o réu faz jus à atenuação da pena em face da confissão espontânea. EMERSON, apesar de alegar ter agido em *estado de necessidade,* confirmou em juízo a ingestão de bebidas alcoólicas momentos antes da condução do veículo, e, em certa medida, a prática delitiva, o que constitui *confissão qualificada* (...).[183]

Lógico que inexistem parâmetros comparativos com o "caso Kiss". Mas a forma de compreensão das informações prestadas pelo réu sobre as condutas anteriores que representam fontes de perigo (geradoras de risco), apresentadas no precedente, mormente em julgamento pelo Tribunal do Júri onde não há a real dimensão do peso das palavras dos acusados na formação do juízo pelos julgadores leigos, constitui uma importante diretriz para o reconhecimento da atenuante da confissão para Elissandro.

(b) Dolo eventual e corresponsabilidade do Estado: atenuantes inominadas (art. 66 do Código Penal)

6.3. Não pretendo ser redundante e cansativo e reproduzir argumentos já lançados. A possibilidade de *dolo eventual* impactar a aplicação da pena, não como circunstância judicial, mas como *atenuante inominada* (art. 66), foi tratada quando discuti os limites do vetor culpabilidade (item 2.5.3, mais especificamente).

Reitero, porém, que é possível e necessário diferenciar os níveis de responsabilização nas condutas dolosas e culposas e que a alternativa mais lógica, no nosso sistema normativo, é a da utilização do art. 66 do Código Penal nas hipóteses de *dolo eventual* (e *culpa inconsciente*).

---

[182] TJRS, 1º Juizado da 1ª Vara do Júri de Porto Alegre, Processo nº 001/2.20.0047171-0, fl. 20.129 (grifei).

[183] TJRS, 3ª Câmara Criminal, Apelação Crime nº 70069005866, Rel. Des. João Batista Marques Tovo, j. 28/09/16 (grifei).

6.4. De igual modo, não vou reiterar os argumentos levantados pela defesa – vários incorporados aos votos dos Desembargadores do TJRS – acerca do grau de corresponsabilidade das autoridades no incêndio, tanto formalmente na concessão dos Alvarás e do PPCI e na propositura do TAC, quanto materialmente nos procedimentos de fiscalização para concessão das autorizações de funcionamento.

Trata-se de tema sensível, sobretudo porque envolve naturais proteções promovidas pelas instituições aos seus membros. Todavia, mesmo sensível, deve, de alguma maneira, ser enfrentado. Entendo que a melhor forma de o Poder Judiciário reconhecer a corresponsabilidade das autoridades municipais no incidente, mesmo que simbolicamente, porque o efeito sancionatório é reduzido face aos limites estabelecidos pela Súmula 231, é a da aplicação da atenuante inominada.

Destaco, também, que a tese não é nenhuma "novidade" ou "invenção". Em âmbito doutrinário é relativamente bem aceita[184] e, na esfera jurisprudencial, o TJRS admitiu, em 2019, em um julgamento pelo Tribunal do Júri que analisava homicídios ocorridos na FASE, a incidência do art. 66, do Código Penal em razão da manifesta falha das autoridades públicas em "proteger os custodiados" e "assegurar a segurança do local" em razão da "superlotação".

Guardadas as devidas proporções, é uma situação que se aproxima do caso em análise, sobretudo em razão da falta de cuidado, despreparo ou negligência do Poder Público de Santa Maria na fiscalização das obras de reforma e na autorização do funcionamento da Boate Kiss. Segundo o Relator do precedente invocado:

"Ainda, o requerimento da defesa do réu Paulo Cezar, de aplicação da **atenuante genérica do artigo 66**, do Código Penal, em virtude da falha estatal em manter a segurança e a proteção dos internos da FASE, deve ser deferido.

Isso porque restou devidamente demonstrado nos autos a superlotação da casa correcional, havendo **manifesta falha estatal na proteção dos internados**. As testemunhas **Marli Padilha Pereira, Paulo Anderson da Fonseca Moraes** e **José Luís Borges Lyrio** confirmaram, em seus depoimentos, que havia uma **superlotação na casa**, admitindo que haveria em torno de 80 adolescentes internados na época, sendo que após,

---

[184] Neste sentido, exemplificativamente, CARVALHO, Salo de. *Penas e Medidas de Segurança no Direito Penal Brasileiro*. 3. ed. São Paulo: Saraiva, 2020, pp. 473-481; ROIG, Rodrigo Duque Estrada. *Aplicação da Pena*: limites, princípios e novos parâmetros. São Paulo: Saraiva, 2013, pp. 209-255; SANTOS, Juarez Cirino. *Direito Penal*: parte geral. 7. ed. Florianópolis: Empório do Direito, 2017, p. 555; ZAFFARONI, Eugenio Raul; PIERANGELLI, José Henrique. *Manual de Direito Penal Brasileiro*: parte geral. 13. ed. São Paulo: Revista dos Tribunais, 2019, pp. 742-743.

quando foram colhidos os seus depoimentos, havia em torno de 50 adolescentes.

Nesse sentido, sendo o Estado responsável pela custódia dos internados, **houve inobservância de seu dever específico de proteção previsto no art. 5º, inciso XLIX, da Constituição Federal.** O Supremo Tribunal Federal já reconheceu o <u>estado de coisas inconstitucional no qual está inserido o sistema penitenciário brasileiro</u> [ADPF 347/DF], diante da reiterada e persistente incapacidade dos agentes públicos em assegurar as condições mínimas de dignidade humana aos detentos, situação vislumbrada, infelizmente, no caso em concreto.

Destaco que não se está dizendo que a superlotação foi a causa do fato da acusação, mas apenas que pode, sim, ter <u>contribuído</u> para que os réus lograssem êxito em percorrer todo o *iter criminis*, agredindo a vítima por um período considerável de tempo, deixando-a com sequelas gravíssimas e permanentes, sem terem sido impedidos pelos socioeducadores que estavam no local.

Desse modo, demonstrada a manifesta falha estatal, e sua provável contribuição para a ocorrência do fato da acusação, **viável a aplicação da atenuante genérica do artigo 66**, pois houve uma circunstância relevante anterior e concomitante ao cometimento do crime, que influenciou em sua ocorrência".[185]

Os argumentos aportados no acórdão de referência são esclarecedores e os seus efeitos lógicos e razoáveis. Isto porque também cabia ao Poder Público de Santa Maria (Prefeitura, Corpo de Bombeiros e Ministério Público) interditar a casa ou não conceder Alvará, PPCI e TAC se percebidas as irregularidades apontadas na denúncia como causa (ou reforço causal) das mortes.

7. Respostas aos quesitos

7.1. O estudo dos autos, sobretudo o da sentença condenatória e os seus argumentos para justificar a aplicação da pena, permite apresentar algumas conclusões como respostas às indagações feitas pelo consulente.

Quesito 1: A valoração do *conteúdo* das circunstâncias judiciais do art. 59 (pena-base) segue os parâmetros dogmáticos e as diretrizes legais e constitucionais de fundamentação e proibição da dupla valoração (*ne bis in idem*)?

---

[185] TJRS, 3a Câmara Criminal, nº Apelação 70082108184, Rel. Des. Diógenes V. Hassan Ribeiro, j. 24/10/19.

Resposta: Dos (05) cinco vetoriais valorados desfavoravelmente para fixação da pena-base, apenas a circunstância judicial "consequências do delito" apresenta fundamentação suficiente e válida. A análise da *culpabilidade* empreendida pelo julgador ofende o princípio *ne bis in idem* ao apontar, como conteúdo, o dolo (elementar típica subjetiva), além de contrariar a prova produzida na instrução, indicativa de que o acusado buscou amparo técnico para as reformas na casa noturna e entendia, em decorrência das autorizações e fiscalizações do poder público, manter seu estabelecimento conforme as normas de segurança (culpabilidade normativa). A apreciação dos *motivos* (motivo fútil) e das *circunstâncias do delito* (fogo e asfixia) contraria determinações expressas do TJRS e do STJ que, no julgamento dos recursos decorrentes da pronúncia, desqualificaram a acusação para homicídio simples e afirmaram ter sido exatamente estas condições fáticas o fundamento da imputação (*ne bis in idem*). Outrossim, especificamente em relação à futilidade (ganância), a conclusão contraria a prova que atesta ter o acusado investido nas reformas necessárias para aumentar o conforto e a segurança dos frequentadores. Quanto ao *comportamento da vítima*, o juízo é igualmente equivocado em razão da inversão do objeto de análise (apreciação do *comportamento dos réus*) e da reprodução de argumento (número de vítimas) utilizado posteriormente para aumentar no máximo a quantidade de pena pela causa especial prevista no art. 70, *caput*, do Código Penal (concurso formal) – *bis in idem*.

Quesito 2: O cálculo da pena-base respeita as diretrizes jurisprudenciais consolidadas, sobretudo as fixadas pelo TJRS, e observa o *princípio da proporcionalidade* em sua dimensão *proibição de excesso*?

Resposta: Os equívocos na análise das circunstâncias judiciais provocam, imediatamente, sobrecarga punitiva na dosimetria da pena-base. Se válida apenas a fundamentação relativa às consequências do crime, a pena-base deveria ser estabelecida *no* ou *próxima do* mínimo legal. Mas mesmo se as (05) cinco categorias judiciais estivessem legal e constitucionalmente adequadas haveria excesso, visto o magistrado ter fixado, na primeira etapa da dosimetria, sanção corporal acima do termo médio, critério consolidado historicamente pelo TJRS como limite máximo da pena-base.

Quesitos 3: Da análise dos autos, é possível verificar a incidência de *circunstâncias atenuantes* não valoradas na sentença?

Resposta: A decisão judicial poderia ter considerado, na determinação da pena provisória, a atenuante da *confissão*, prevista no art. 65, III, "d", do Código Penal, em razão (a) da apresentação espontânea do acusado na Delegacia de Polícia na noite do incidente, (b) da ampla utilização do seu interrogatório para fundamentação do dolo eventual na pronúncia e (c) das informações prestadas em plenário, sobretudo porque não é injustificado supor que influenciaram o Conselho de Sentença para afastar a culpa consciente. Ademais, é dogmaticamente lógico e probatoriamente sustentável a incidência da *atenuante inominada* do art. 66 do Código Penal em decorrência (a) da corresponsabilidade dos Poderes Públicos Municipais no incêndio e (b) da necessidade de se estabelecer um juízo de censura menos severo à hipótese do dolo eventual.

Quesitos 4: Os fundamentos da tese do erro de proibição apresentados em plenário podem ser valorados na dosimetria da pena?

Resposta: A recusa pelos jurados leigos da tese da excusabilidade do erro de proibição e a negativa pelo juiz togado da quesitação da sua modalidade evitável, ambas teses apresentadas pela Defesa técnica em plenário, não descarta a necessidade de apreciação dos elementos fáticos que a sustentaram. Sobretudo porque tais dados empíricos constituem indicativos sobre a consciência da regularidade da conduta que informam o conteúdo jurídico da culpabilidade normativa. Se não for considerada matéria de quesitação obrigatória, a irregularidade deve ser sanada com a aplicação do redutor do art. 21, *caput*, na pena definitiva.

Assim, entendo que deva ser seriamente ponderado o fato de o acusado, no momento anterior até o incidente, entender estar agindo de pleno acordo com as normas de segurança. Na dosimetria da pena, as regras do concurso aparente de normas indicam que, se presentes elementos comuns em duas ou mais fases, deve a circunstância incidir na fase posterior em razão da especialidade das minorantes em relação às atenuantes e destas frente às circunstâncias judiciais. No caso, a inexperiência administrativa e os déficits na formação do réu devem impactar a pena-base (culpabilidade favorável), enquanto os dados empíricos que evidenciam o erro de proibição vencível operar a diminuição da pena definitiva.

7.2. Após análise do material enviado e dos quesitos propostos, e apresentadas as considerações de ordem doutrinária e jurisprudencial, estas são, s.m.j., as respostas que entendo como legal e constitucionalmente adequadas.

É o parecer.

Rio de Janeiro/Porto Alegre, 08 de fevereiro de 2022.

assinatura

Salo de Carvalho
Professor Adjunto de Direito Penal da Faculdade Nacional de Direito (UFRJ). Professor do Programa de Pós-Graduação em Direito da Unilasalle (RS). Mestre (UFSC) e Doutor (UFPR) em Direito. Pós-Doutor em Direito Penal (Un. Bolonha).